여자 30대,
내 생애 최고의
인생을 만들어라

정영순 지음

가림출판사

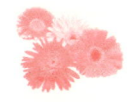

프롤로그

30대는 자신의 삶을 조각하는 가장 중요한 시기이다. 삶에서 절대적인 영향을 끼치는 사람들을 만나며, 직업생활로 새로운 삶을 시작하는 시기이고, 그 과정에서 성숙해 가는 시기이다. 또한 그 속에서 진정한 나를 만나고 찾아가는 시기이다. 새로운 사람과 일과의 만남은 자신을 깎아내야 하는 아픔이 동반되지만, 그것을 통해 점점 아름다운 인격체가 되어간다.

나는 30대에 어린 두 자녀를 키웠고, 살림살이를 했고, 공부를 했으며, 직업을 가졌고, 아르바이트를 했다. 그리고 신앙생활 가운데 나 자신을 찾아 나섰다. 부분적으로는 나의 희망과는 상관없이 30대 여자로서 해야 할 일이기 때문이었고, 부분적으로는 미래에 대한 막연한 두려움을 떨쳐버리기 위해서였고, 부분적으로는 언젠가 내가 바라는 삶을 살 수 있을지도 모른다는 희망 때문이었다.

누군가 나의 30대에 대해서 '더 잘 할 수 있었을 텐데……. 좀 다르게 살았더라면 더 좋았을 텐데…….' 하는 아쉬움이나 후회가 있느냐고 묻는다면, 나는 지난 30대에 대해 후회가 없다고 자신 있게 대답한다. 나는 30대에 나 자신을 불사르듯 열심히 살았다. 적어도 주어진 환경과 상황에서 최선을 다 하는 것에 알파를 더한 삶을 살았다. 그러했기에 나는 지금 나 자신에 대해 자랑스럽게 생각한다.

나라고 해서 30대가 모든 것이 장밋빛 같고, 금쟁반에 놓여진 듯했던 것은 아니었다. 그러했더라면 나는 지금 '이보다 더 좋은 수는 없다'는 만족감의 환영에 속아 내가 향하는 곳이 어딘 지도 모른 채 초점 없는 흐린 눈빛을 하고 있을 것이다.

그러나 30대에 나는 아팠고, 고통스러웠고, 갈등했고, 갈망했고, 어두웠다. 그러나 미래에 대한 소망이 있었고, 그 소망의 빛을 눈에서 거두지 않고 굳건히 따라간 결과 긴 터널을 지나갔다. 그리고 지금 그 빛에 반사된 듯 또렷한 눈빛으로 찬란한 미래를 향해 걸어가고 있다.

30대 여성들이여, 지금 당신은 아픔과 고통이 있는가? 끝이 보이지 않는 암울함에 통곡하고 있는가? 새장 속에서 하늘을 나는 꿈을 동경하며 가슴 저미고 있는가? 차라리 기뻐하라. 당신만의 찬란한 빛을 생각하면서 떨리는 가슴을 진정시켜라.

여자 30대, 지금이야말로 인생의 꽃을 활짝 피울 때이고, 그 행복함에 가슴 떨리는 순간들을 만끽할 때이다. 자신을 옥죄이는 환경과 내면의 뜨거운 갈망 사이에서 당신은 어떤 인생을 꽃 피우기 원하는가? 이 책은 당신에게 12개의 열쇠를 손에 쥐여 줄 것이다. 그리고 그 열쇠를 푼 여성들의 이야기를 들려 줄 것이다. 그 열쇠로 닫힌 문을 하나씩 활짝 열어 재치라. 마지막 12번째 문이 열리는 순간 성공과 행복과 풍요를 알리는 팡파르가 울릴 것이고, 당신은 이렇게 노래할 것이다.

"오, 인생은 아름다워라!"

정 영 순

차 례

C O N T E N T S

CHAPTER

여자 30대, 아무도 신혼의 짜릿함을 영원히 갖지 않는다 스스로 완전한 사랑을 키워나가라

CHAPTER

여자 30대, 아무도 당신에게 도움을 주지 않을지도 모른다 먼저 도움을 주는 사람이 되어라

CHAPTER

여자 30대, 아무도 당신에게 부를 가져다 주지 않을 것이다 스스로 부를 만들어 나가라

CHAPTER *01*

여자 30대, 아무도 당신이
성공하도록 놔두지 않을 것이다
할 수 있다고 굳게 믿어라

어떤 일이든 할 수 있다고 믿어보라.
기회가 다가오고, 돕는 손길이 다가와 결국 그 일을 이루게 될 것이다.
이루지 못하는 것은 그것을 할 수 있다는 믿음이 부족해서이다.
믿음이 없으면 그것을 이룰 열정이 생겨나지 않고,
그것을 이루는 성취 에너지도 작용하지 않는다.
기회도, 정보도 눈에 띄지 않아서 실패로 끝나고 만다.
모든 것이 자신의 믿음에 달렸고,
그 믿음은 모든 불가능을 가능하게 한다.

당신은 오른손에 행복을, 왼손에 성공을 잡고 태어났음을 굳게 믿어라

대학에 다니던 시절 서로 만나지 않으면 죽고 못 사는 듯 하루가 멀다 하고 만나고 또 만나던 단짝 친구가 있었다. 졸업 후 서로 다른 직장에 다니고, 다른 곳에서 살게 되면서 아쉽게도 만나는 시간이 줄어들게 되었다. 게다가 결혼으로 서로 생활이 바쁘고, 관심을 써야 할 곳이 달라지자 더욱더 만남이 뜸해갔다. 급기야 지구 이쪽과 저쪽에서 살게 되면서 우리는 서로를 잊지는 않았지만 잃어버리게 되었다. 그리고 25년의 세월이 지난 후 다시 만나게 되었다.

그 친구는 결혼을 하여 지금도 생각하면 가슴이 두근거린다는 남편이 있고, 건강하고 멋진 두 아들이 대학에 다니고 있다. 자신이 정말로 원하던 직업 분야에서 성공하여 인정도 받고 있다. 그리고 남편이 아니더라도 자신만의 부를 누릴 만한 경제력을 갖고 있다. 자신이 원하기만 하면 언제 어떤 해외 여행이든 갈 수 있을 정도로 시간과 돈과 환경이 뒷받침을 해 준다. 그 친구는 자신이 갖고 싶은 것은 무엇이나 가질 수 있고, 자신이 살고 싶은 곳에서 얼마든지 살 수 있지만, 현재로는 그럴 필요를 느끼지 못하기 때문에 중·상류층 수준으로 살고 있다. 모든 종류의 자유가 주어져 있기 때문에 아쉬운 것이 없어 보였다.

내면이 부족한 사람이 외적으로 풍요하게 보이려고 하고, 더욱 더 자신을 드러내 보이려고 하는 경향이 있기에, 그 친구가 '혹시' 그래서 저토록 자유롭고 풍성하고 성공적으로 보이는 것은 아닌가 하는 생각도 했다. 그러나 여러 차례 만나 대화를 하는 동안 그것은 쓸데없는 걱정이었다는 사실을 알게 되었다.

그 친구는 어려서부터 자신이 뭔가 되지 않을 것이라는 생각은 해 본 적이 없다고 했다. 그리고 살면서 내내 자신은 빈곤하게 살거나, 불행하거나, 하는 일에 실패할 것이라는 생각을 해 본 적이 없다고 했다. 그냥 '나는 하면 된다.'는 생각만이 가득 차 있었다고 했다. 그래서인지 하는 일마다 마치 밤 사이에 꽃이 활짝 피어나듯이 잘 되었다고 한다. 지금도 그 친구는 자신에게 남은 한 가지 꿈에 대해 말하면서 그것이 100% 성공할 것이라고 확신하고 있다.

나는 성공하는 사람의 특징이 바로 그런 낙관적이고 긍정적인 생각을 하는 것임을 그 친구를 통해 재확인했다. 그렇다! 성공하는 사람은 뭔가 다른 특별함이 있다. 그것은 바로 자신에 대해 긍정적인 생각을 하고 자신이 하는 일이 잘 될 것이라고 믿는 것이다. 바로 그런 사람이 자신이 있고 싶은 곳에서 하고 싶은 일을 하면서, 누리고 싶은 것을 누리고, 이루고 싶은 것을 이루면서 자신이 진정 되고 싶은 사람이 된다.

나는 또 다른 친구를 만났다. 그 친구는 자신이 지금 그 모양새로 살아가는 것은 먼저 가난한 부모 슬하에 불우한 가정에서 태어났기 때문이라는 한탄으로 시작하여, 잘못된 결혼이 결정적 이유라고 했다. 자신이 성공하지 못한 것을 학연에 묶여 사는 사회 탓으로만 돌리며, 이 시대에 여자로 태어난 것을 탓했다. 자신을 가정에서 꼼짝달싹 못하게 하는 남편을 탓했고, 두 자녀를 탓했다. 그리고 자신이 바라는 삶을 살지 못한 것에 대해 한스러워하며 이를 갈고 있었다.

정말 그 친구는 자신이 말한 대로 남들에 비해 불리한 환경을 가진 것이 사실인지도 모른다. 그러나 어떤 환경은 자신과 상관없이 다가온 것이고, 어떤 환경은 자신이 선택한 것이었다.

그 친구는 어차피 자신은 무엇을 해도 되지 않는다는 생각 때문인지 그냥 세상과 주변을 탓하면서 살고 있는 듯했다. 제비 뽑기를 해도 좋은 일에는 꼭 뽑히지 않는 사람이 자신이고, 나쁜 일에는 꼭 뽑히는 사람이 자신이라며 투덜대면서 살고 있었다.

비관적이고 부정적인 생각은 사람으로 하여금 아무것도 이루지 못하도록 막는다. 그 친구를 보면서 실패하는 사람의 특징이 바로 그런 것이구나 하는 것을 확인했다.

흔히들 사람이 빈손으로 태어난다고 하지만 실상은 그렇지 않다. 아기가 세상에 태어나서 눈을 떠보면 자신을 보호할 사람들과 누울 자리와 엄마의 젖과 사랑 등 살아가는 데 꼭 필요한 모든 것이 이미 주변에 주어져 있다. 공기, 물, 빛 등 사람이 살아갈 때 기본적으로 있어야 할 것이 넘치도록 많은 것을 볼 수 있다.

그것은 창조주가 모든 풍성함 가운데 우리를 존재하게 했기 때문이다. 그런데 사람은 시간이 지날수록 점점 더 스스로 빈곤하게 되고 연약하게 되어간다. 우리는 이미 행복과 성공과 승리와 풍성함과 건강과 기쁨을 갖고 태어났으므로 그것을 믿고 누리면 된다.

이미 성공과 행복을 갖고 태어났기 때문에 그것을 가졌다는 것을 알고, 그것을 누리고, 가꾸어 나가는 것이 바로 우리가 누려야 할 삶이다.

당신은 자신이 이루고 싶은 모든 것을 할 수 있다고 굳게 믿어라

많은 30대 여성들이 그러하듯이 나도 30대에 살림살이를 했고, 어린 두 아이를 돌보았다. 게다가 30대가 되면서 대학교에 입학을 했기에 거의 30대 내내 학생 신분이었다. 그리고 아르바이트도 했다. 때로는 전업주부이면서 학생이었고, 때로는 반 직업인이면서 반 전업주부였다. 집에 있을 때는 주부였고, 아이들과 있으면 엄마였고, 학교에 가면 학생이었고, 번역서를 출간하면 번역가였고, 아르바이트를 할 때면 아르바이트생이었고, 강의를 할 때면 선생이었다.

그렇게 나는 완전히 전업주부라고도 할 수 없고, 완전히 직업인이라고도 할 수 없었다. 완전한 직업인일 수 없었던 것은 가정이 있고, 어린 자녀가 있었기 때문이었다. 특히 지금 50대인 나의 세대는 유교의 영향을 받은 전통적인 교육에 젖어 있는 관계로 자신이 진정 무엇을 원하느냐를 생각하기보다 주어진 환경과 사람들에게 충실해야 하는 것이 당시에 감당해야 할 최우선 순위였다. 그러한 상황에서 내가 할 수 있는 최선의 일은 일단 가정과 자녀에 충실하면서 앞으로 자녀가 자라서 내 손을 떠날 때와 세월이 흘러 가정과 사회에서 여성의 역할이 변할 때를 대비하여 준비하는 것이었다.

그 당시 30대인 주부가 세월이 지나 40, 50대가 되어 활동을 시작할 수 있다는 것을 주변 사람들은 믿지 않았고, 믿고 싶어하지도 않았다. 주변에서 가까이 지내던 같은 또래의 30대 주부와 대화를 나눈 적이 있다. 그때 나는 전업주부로 지내는 동안 자신이 마음속에 품고 있는 꿈을 이루려고 준비한다면 10년, 20년 후에는 성취할 수 있지 않겠느냐고 그녀에게 말했다. 그녀는 30대인 지금도 일을 찾기 힘든데 이미 나이가 든 40, 50대 여성이 사회에서 설 자리가 있겠느냐고 일축해버렸다. 그리고 그런 중년 여자가 무엇을 할 수 있겠느냐고 했다.

이에 대해서 나는 '온전히 자신을 위해 시간을 쓸 수 있는 사람이 한 가지 전문기술을 배우는 데 3년이 걸린다면, 주부는 가정과 자녀가 있기 때문에 3배인 9년이 걸린다고 하자. 그러면 10년을 투자하면 주부도 자신만의 전문기술을 익혀서 그 후에 활용을 할 수 있지 않겠느냐.'고 말했다. 그 말에 대해서도 그녀는 이론과 실제는 다르다는 말로 부인해버렸다.

그녀도 나도 지금 50대가 되었다. 그녀는 무리를 해서 자녀들을 유학 보낸 탓에 유학비를 대느라고 작은 전셋집으로 이사했다. 50대 중반을 넘어 환갑을 바라보는 남편은 몇 해 전에 퇴직해서 집에서 빈둥대고 있다면서 넋두리를 했다. 동네 언덕에 운동을 나왔다면서 전화를 한 그녀는 갱년기 우울증으로 시달리고 있다고 했다. 그리고 자신의 노후가 이렇게 빨리 올 줄 몰랐다면서 울먹거렸다. 이제 모두들 오래 산다고 하는데 자신은 어떻게 살아야 할지 모르겠다면서 한탄도 했다. 그리고 요즘 책을 쓰고 강의를 하고 있는 나의 근황에 대해 부러워했다. 나는 그녀의 상태가 안타까워서 지금이라도 절대로 늦지 않았다고, 지금이 바로 시작할 때라고 위로와 용기의 말을 전하며 전화를 끊었다.

나에게 그녀와 다른 것이 있었다면 세상이 달라진다는 것을 어렴풋이나마 느낀 것, 준비하는 자에게 기회가 온다고 믿은 것, 주어진 환경에서 최선을 다할 때 후회가 없다고 생각한 것 같다. 그리고 더 중요한 한 가지는 미래의 가능성에 대한 열린 마음이었던 것 같다.

그렇다고 나에게 있는 모든 것이 장밋빛과 같았다는 것은 아니다. 오히려 나는 마치 새장 속에 갇힌 새처럼, 사방이 꽉 막혀 있는 듯한 답답한 상황 가운데 앞에도, 뒤에도, 옆에도 길이 보이지 않는 터널 속을 지나온 듯한 30대 시절을 보냈다.

내가 그녀와 달랐던 또 한 가지 중요한 것이 있었다면 나만의 믿음이 있었다는 점이다. 그것은 현재 상황이 답답해도 현재의 삶을 충실히 살 때 언젠가는 분명 벗어날 수 있는 길이 있으리라는 믿음이었다. 특히 나는 "내가 사망의 음침한 골짜기로 다닐지라도 해를 두려워하지 않을 것은 주께서 나와 함께 하심이라."는 성경 구절을 굳게 믿고 좋아한다.

믿음이란 보이지 않는 것을 보는 것이다. 이미 눈앞에 보이는 것은 이루었다고 하지 믿음이라 하지 않는다. '믿으면 본다.'라는 말과 같이 사람은 자신이 믿는 대로 된다.

나는 30대 중반이었고, 자녀들이 6살과 2살이었을 때 독일에서 석사 학위를 받았다. 누구도 내가 공부를 끝내고 학위를 받을 수 있다고 믿지 않았다. 나 역시 앞이 보이지 않았지만, 이룰 수 있다 믿으려고 애썼다.

나 자신도 믿기지 않았지만 나는 할 수 있음을 믿는다고 입으로 거듭 확인했다. 때로는 그것이 믿어졌지만, 때로는 믿어지지 않아 힘이 쭉 빠져버릴 때면 '나는 할 수 있다. 나는 꼭 할 수 있어야 한다. 할 수 없다고 말하는 사람들에게 이 나이의 여성도 할 수 있다는 자신감을 주기 위해서 나는 꼭 할 수 있어야 한다.'

고 혼자 말했다. 믿어지지 않고, '할 수 없다. 힘에 부친다.'는 생각이 더 강하게 나를 짓누를 때면 거울을 보면서 나 자신에게 말했다.

"나는 할 수 있어! 왜냐하면 나는 정영순이니까."

그리고 다른 사람들 앞에서도 절대 '할 수 없다.'는 말을 하지 않았다. 그런 생각이 들고, 그런 말이 입에서 튀어 나오려고 할 때는 차라리 혀를 깨물듯이 입을 다물어 버렸다.

'하늘은 스스로 돕는 자를 돕는다.'라는 말이 있다. 나는 꿈이 있고, 그것을 할 수 있다는 것을 믿으면 하늘이 돕는다는 생각을 한다. 생각하던 일이 예기치 않게 잘 풀려나가는 것을 보면서 많은 사람들은 그것을 우연이라고 말한다. 그러나 나는 우연이라고 생각하지 않는다.

꿈을 갖고 그것을 이룰 수 있다는 믿음을 가지면 우리의 잠재의식은 우리로 하여금 그것을 이룰 수 있는 정보들을 인식하게 한다. 그러면 그 믿음과 같은 우주의 에너지가 나를 향해 자석처럼 끌려오게 된다. 즉, 자연스럽게 관련된 정보와 기회가 나를 향해 다가오게 된다. 어떤 목표와 계획을 세웠는데 이상하게 기회가 왔다고 말하면서 신기해 하는 것은 그런 연유에서일 것이다.

어떤 일이든 할 수 있다고 믿어보라. 기회가 다가오고, 돕는 손길이 다가와 결국 그 일을 이루게 될 것이다. 이루지 못하는 것은 그것을 할 수 있다는 믿음이 부족해서이다. 믿음이 없으면 그것을 이룰 열정이 생겨나지 않고, 그것을 이루는 성취 에너지도 작용하지 않는다. 기회도, 정보도 눈에 띄지 않아서 실패로 끝나고 만다. 모든 것이 자신의 믿음에 달렸고, 그 믿음은 모든 불가능을 가능하게 한다.

하늘을 나느냐, 땅을 기느냐는 당신이 선택하라

30대의 많은 여성들이 우리나라 전래동화 중 하나인 '선녀와 나무꾼'에 나오는 선녀처럼 자신의 날개 옷을 잃어버리고 나무꾼이 건네 준 다른 옷을 입고 있는 듯 느끼는 경우가 많다. 선녀가 나무꾼과 결혼하여 자녀를 낳아 기르면서 자신의 날개 옷과 자신이 있어야 할 자리를 그리워했듯이, 자신의 현재 모습에 만족하지 못하고 살아가는 경우가 많다. 물론 그렇지 않은 경우도 있을 것이다. 어쨌든 이야기 속의 선녀는 그녀가 있어야 하고, 있고 싶은 곳으로 돌아간다.

이 세상은 참 다양한 것들로 가득하다. 똑같은 것이 하나도 없다. 땅과 하늘, 물에 있는 모든 것들이 다 다르다. 장소에 따라 종류도 다르고, 같은 장소에 있어도 그 모양새가 다르다. 같은 종류여도 똑같은 것이 하나도 없다.

토끼는 땅에 있어야 살 수 있고, 독수리는 하늘을 날아야 살 수 있다. 토끼가 참새처럼 날기 위해서 나뭇가지 위에서 뛰어내린 다면, 잉어가 오래도록 물을 떠나 땅에서 퍼덕인다면 살 수 없을 것이다. 이와 같이 사람 역시 자신이 있어야 할 곳에서 자신이 할 일을 하면서 살 때가 가장 행복할 것이다.

모두가 다르기 때문에 자신이 어디에 있어야 할지는 각자의 선택에 달려 있다. 자신의 삶이기 때문에 결코 다른 사람의 선택에 자신을 맡기지 말아야 한다.

나는 30대에 다른 사람들이, 사회의 관습이 나에게 요구하는 잣대에 나 자신을 맞추려고 노력했다. 그런데 그 잣대는 날이 갈수록 점점 짧아져가고 결국 나는 점점 더 작은 새장 속에 갇혀버린 것처럼 느끼는 지경에 다다랐다. 나는 먼 하늘을 바라보며 훨훨 날고 싶었다. 그곳이 바로 내가 진정 있어야 할 곳으로 생각되었고 그리웠다. 새장이 작아지면 질수록, 그래서 나의 큰 몸집을 구겨 넣으려고 애를 쓰면 쓸수록 나의 존재감은 점점 사라져 갔고, 점점 불행해져 갔다.

'누군가 나에게 이 새장의 문을 열어 나로 하여금 세상을 훨훨 날아다닐 수 있게 해 주면 얼마나 좋을까? 누군가 나에게 찬란한 황금 방석을 주면서 앉으라고 하면 얼마나 좋을까?'

그러나 아무도 나의 새장 문을 열어주지 않았고, 아무도 찬란한 황금 방석을 주면서 앉으라고 하지 않았다.

　아무도 내가 세상을 훨훨 날면서 하고 싶은 일을 하며 사는 데 관심이 없기 때문이다. 아무도 내가 찬란한 황금 방석에 앉는 것에 대해서 관심이 없기 때문이다. 결코 사람들이 나빠서가 아니라 사람들은 각자의 삶에 가장 큰 관심이 있기 때문이다. 나와 가장 가깝다고 생각하는 남편도, 부모도, 자녀도 결국 자신에게 가장 관심을 가지는 것이 인간이기 때문이다.

　그러면 어떻게 해야 할 것인가? 나는 나의 삶을 살아야 한다. 내가 새장의 문을 벗어나 하늘을 날고 싶다면 스스로 새장 문을 열어야 한다. 그러나 새장을 구태여 가정에 비유하지 말고, 새장의 문을 벗어나는 것이 가정을 벗어나는 것이라고 오해하지 말기를 바란다. 어떤 사람에게는 그럴 수도 있다. 그러나 여기에서 새장은 스스로 만들어 놓은 한계를 말한다.

　사실 주변 어느 누구도 나의 새장을 만들지 않는다. 새장을 만들고 그 안에 주저앉는 것은 바로 자신이다. 아무도 찬란한 황금 방석을 나에게 주지도 않지만 빼앗지도 않는다. 나에게 주어진 것을 외면하고 없는 듯 살아간 것은 바로 자신이다. 어떤 사람이, 어떤 관습이, 사회의 부당한 역할 분담이 나를 이렇게 만들었다고 말하는 것은 자신을 삶의 주체가 아니라 스스로 피해자로 만드는 것이다.

　내가 삶의 주체가 되느냐, 그렇지 않느냐는 나의 선택에 달렸다. 내가 삶의 주체라면 그 상황을 벗어나든지, 그대로 있든지 스스로 알아서 하면 된다. 자신을 피해자로 생각한다면 벗어나고 싶어도 벗어날 길이 없다. 누군가 자신을 벗어나게 해 주어야 벗어날 수 있기 때문이다.

주변을 한번 찬찬히 둘러보라. 자신이 하고 싶은 일을 하고, 자신의 삶을 누리면서 사회에 영향력을 발휘하면서 살고 있는 여성들이 있다. 그들이 특별히 환경이 좋았고 특별히 똑똑한 여성이어서 그렇게 되었을까? 그들은 선택이 달랐다. 그 어떤 현실이든 뚫고 자신이 서고 싶은 자리에 우뚝 서기를 선택하여 실천했다.

삶이란 절대로 어디에서 우연히 떨어지는 것이 아니다. 우리의 생각과 결정의 결과이다. 남성을 비롯한 주변 환경이 우리 여성의 삶을 결정짓는다는 생각은 잘못된 것이다. 그렇게 생각한다면 우리는 그저 타인에 의해서 살아가는 사람이 된다.

바로 우리 자신이 우리가 지금 살아가는 상태에 대한 원인이다. 그러므로 자신의 현재 삶에 대한 책임은 자신에게 있음을 인식해야 한다. 스스로 책임을 진다는 것은 스스로 결정을 할 수 있다는 말이다.

타인에 의해 결정되지 않고 스스로 결정할 수 있기 때문에 무한한 가능성과 기회가 우리 앞에 놓여 있다. 변화는 먼저 자신의 삶을 스스로 결정하는 데서 시작이 된다.

오프라 윈프리

a successful woman

결혼을 하지 않은 부모 사이에서, 여전히 유색인종에 대한 편견이 사라지지 않은 미국에서 피부가 까만 흑인 아이로 오프라 윈프리는 태어났다. 어린 시절 지독한 가난 속에 살았고, 9세에는 사촌 오빠에게 강간을 당했으며, 14세까지 친척들의 학대를 계속 받았다. 14세에 출산을 해서 미혼모가 되었고, 2주 만에 아기의 죽음을 바라보아야 했다. 게다가 그녀는 100킬로그램의 뚱뚱한 몸을 하고 있었다.

바로 그 윈프리가 자신의 이름을 딴 '오프라 윈프리 쇼'의 진행자로서 토크쇼의 여왕 자리를 차지했다. 그녀는 『보그』지의 패션 모델이며, 영화배우로서 아카데미 여우 조연상 후보에까지 올랐다. 자산 6억 달러에 달하는 거부가 되었으며, '하포 엔터테인먼트 그룹'의 대표로서 영화와 텔레비전 프로그램 제작, 출판 및 인터넷 사업에 손을 댔다.

시사주간 『타임』지에서는 '20세기의 인물' 중 하나로 선정되었고, 1997년 월스트리트 저널 조사에서 미국인이 존경하는 인물 3위에 뽑혔다. 1998년 『포춘』지에서는 미국 최고 비즈니스 우먼 2위에 꼽히고, 『인콰이어러』지에서는 '세계 10대 여성'의 선두에 선정되었다. 그야말로 그녀는 돈과 존경과 인기를 모두 가졌다.

그녀는 흑인, 가난, 불우한 과거 등 모든 악조건을 극복하고 미국을 움직이는 막강한 힘을 가진 여성 브랜드로 자리잡으면서 세계에서 가장 성공한 여성 중 하나로 손꼽히고 있다. 그 어려운 환경을 뚫고 그녀가 그런 성공을 이룰 수 있었던 비결이 있다면 그것은 바로 지칠 줄 모르고 파고드는 지적 탐구였다.

윈프리의 아버지는 그녀가 어린 시절 일주일에 꼭 책 한 권을 읽게 할 정도로 독서를 중요하게 생각했다고 한다. 윈프리가 책을 추천하면 그 즉시 베스트 셀러가 될 정도로 그녀의 책 소개가 독자에게 미치는 영향은 대단하다. '독서가 내 인생을 바꿨습니다.' 라는 말을 들은 수백만 명의 미국인들이 책에 눈을 돌렸고, 그녀가 골라준 책이라면 팬들은 두말 않고 사서 보았다. 그녀는 '오프라의 북클럽'을 진행하면서 책을 소개하는데, 그 북클럽을 통해서 베스트 셀러가 된 책만 해도 30권이 넘고, 그로 인한 출판업자들의 매출 상승은 2억만 달러에 달한다고 한다.

오프라 윈프리를 하나의 독특한 브랜드로 성공시킨 것은 바로 '오프라 윈프리 쇼'이다. 이혼, 아동 문제, 성폭행 등 많은 사람들이 경험하고 공감하는 주제들과 시사 문제들에 대해 진행하는 그녀의 쇼는 폭발적인 인기를 누리고 있다.

그녀의 쇼는 유명한 사람들이 아니라 아주 평범한 시청자들에게 초점을 맞춘다. 자신의 힘들고 아팠던 과거에 대한 진솔한 고백이 오프라 윈프리 쇼를 세계적으로 인기 있는 프로그램으로 만들었다. 특히 기존의 틀에 박힌 형식과 권위를 내세워 프로그램을 진행하지 않고 방송 중에 사전 예고도 없이 스튜디오를 돌아다니고, 화를 내거나 웃음으로써 자기 표현을 하는 그녀만의 독특한 스타일이 사람들에게 자유로움을 느끼게 해 주고 있다.

그 어떤 환경 가운데 있다 하더라도 자신이 어떤 선택을 하고, 미래를 어떻게 가꾸어 나가느냐에 따라 운명은 달라진다. 운명은 주어지는 것이 아니라 자신이 창조해 나가는 것이다.

가장 중요한 것은 당신의 모든 일이 진실이라고 믿는 데 있다. 당신이 그 것을 믿는다면, 당신도 그렇게 될 것이다. 경험보다는 믿음이 진리를 더 빨리 파악한다.   - 칼릴 지브란 -

제아무리 어려운 일일지라도 제아무리 가망없는 일일지라도 제아무리 어 두울지라도 가능하다는 이 말을 당신의 마음 속에 확실히 새겨라.
인생을 소신(所信)껏 산다는 것이야말로 단 하나의 성공이다. - C. 몰리 -

CHAPTER *02*

여자 30대, 아무도 당신이
날개를 다는 것을 달가워하지 않을 것이다
스스로 날개를 만들어라

사회에서 맞게 될 찬바람에
미리 두려워하며 뒤로 물러나 앉지 말아야 한다.
가정이라는 울타리 안에서
차갑고 낯선 세상에 뛰어드는 것을 두려워 말라.
자신이 원하는 삶을 살려면 망망한 바다와 같을지라도
자신이 가고 싶은 곳으로 계속 걸음을 옮겨야 한다.

당신이 날아오를 하늘을 보면서 회심의 미소를 지어라

아이들이 유아원과 유치원에 다닐 무렵 나는 공부를 하면서 아르바이트를 했다. 때로 번역을 하고 통역을 했다. 짬짬이 한국에서 온 관광객들을 대상으로 가이드도 했다. 출퇴근하는 일이 아니고, 반 나절 또는 하루 동안 하는 일이며, 때때로 하는 일이었기에 가능했다. 가이드 일은 나에게 수입을 가져다 주었지만, 그보다 더 유익한 것들을 안겨다 주었다. 물론 그렇기 때문에 나는 그 일을 하기로 했다. 돈만 벌고 그 외 얻는 것이 없었더라면 흥미가 없어서 몇 번 하다가 그만두었을 것이다.

나는 가이드로 일하기 위해서 안내해야 할 곳의 길을 익혔고, 역사와 문화 등 그 지역에 대한 공부를 했다. 우선 내가 살고 있는 곳에 대해 관심을 갖고 공부를 하는 것이 유익했다. 아무리 독일에 오래 있어도 구체적으로 관심을 갖지 않으면 그곳에 대해서 별로 알 수 없는 법이다. 그러나 내가 사람들에게 알려주어야 한다는 책임감을 가졌다면 더 많은 관심을 갖게 된다.

가정 일과 자녀 양육과 공부 외에도 나에게는 사람과 더불어 있는 시간이 필요했다. 다른 사람들과 함께 함으로써 자칫 우물 안 개구리가 될 위험성에서 벗어나 사회성을 키울 수 있었다. 그리고 까다로운 사람과 어려운 일을 당할 때 거기에 대처하는 능력도 키워져서 사회 적응력도 키워졌다. 이런 것은 공부만 하는 사람에게 꼭 필요한 사항이기 때문에 더더욱 나에게 필요했다. 그리고 학생으로서 접해 보지 못하는 여러 환경의 사람들도 접할 수 있어 사람에 대한 이해의 폭 또한 커졌다. 한국인이라는 정체성도 계속 갖고 있을 수 있고, 한국의 소식도 놓치지 않을 수 있었다.

집과 학교를 벗어나 자연으로 향할 시간이 있어야 정신과 신체 건강에 좋다. 그런데 일부러 시간과 비용을 들여서 여행을 떠나지 않아도 식사와 교통편을 제공받고 여행을 하면서 가이드 비에 팁까지 받으니 일석 삼조였다. 아니, 나에게는 일석 삼조가 아니라 일석 오조였다. 왜냐하면 후일 강의를 하고 싶었는데 마이크를 잡고 사람들 앞에서 말을 하니 어휘력도 늘고, 사람 앞에서는 담력도 커졌다. 나는 말을 크게도 해 보고, 작게도 해 보고, 부드럽게도 하고, 강하게도 하면서 여러 가지 시도를 해 보았다. 누구의 설명을 들으면서 여행을 하는 것보다 내가 직접 설명을 하면서 다니는 것이 더 재미있었다.

가이드 일은 내가 앞으로 할 일을 위한 공부였다. 하고 싶은 일을 하는 기술을 배우기 위해서는 시간과 비용을 들여야 한다. 그렇게 해도 될지 안 될지 모르는데 나는 돈을 받고 공부한다고 생각하니 일이 더욱 즐거웠다. 즐거워서 하는 일은 잘하게 되고, 사람들을 기쁘게 하고, 성과도 좋아지게 된다.

30대는 꿈을 가지고 준비하는 시간으로 삼아야 한다. 그 연령대에는 어린 자녀가 있어 양육을 해야 할 때이다. 분명히 엄마가 곁에 있어 돌봐주어야 하고, 그것이 엄마로서의 도리이고 책임이다. 그 책임은 엄마라면 회피할 수가 없다. 만약 가정생활과 자녀 양육을 하면서 직업생활을 계속하는 30대라면 그 모든 것을 혼자 해결할 수 없기 때문에 다른 사람의 도움을 받는 것이 당연하다.

그 중 어느 한 가지가 더 중요하다고 할 수 없이 모두가 중요하다. 그렇기 때문에 그 둘 사이에 균형을 잡는 것이 중요하다. 직업과 가정에 둘 다 100% 잘 하려는 마음에서 벗어나는 것이 좋다. 사람은 200%를 할 수 없기 때문이다. 직업에 50%, 가정에 50%로 균형을 잡으려는 마음가짐을 갖는 것이 마음의 평화를 갖고 만족한 직업생활과 가정생활을 하는 데 도움이 될 것이다. 가정이 없고 직업생활만 하는 사람과 직업이 없고 가정생활만 하는 사람과 절대 비교해서는 안 된다.

전업주부로 있는 경우라면 그 기간을 무엇인가 준비하는 시간으로 삼아야 한다. 인생은 이제 예전에 생각하던 것과는 달리 길어졌다. 60세면 거의 다 살았다고 생각하던 시절이 엊그제 같은데 이제 100세를 바라보는 시대가 되었다. 만약 결혼을 하여 자녀가 초등학교에 들어가기까지 10년이 걸린다고 하자. 그 10년은 가정에 충실해야 하는 시기이다. 그래서 그 시간 동안 가정과 자녀에만 충실하고 싶다면 그렇게 하는 것이 좋다. 그러나 그 10년 동안 그 후를 위한 준비도 동시에 하고 있어야 한다.

10년이면 박사 학위도 받을 수 있는 시간이다. 자녀 교육을 해야 하고, 가정 살림을 살아야 하기 때문에 그렇게까지는 못한다고 해도 조금씩 공부를 하고 사회 진출을 위해 준비할 수 있는 시간으로 충분하다. 예를 들어서 영어를 배운다고 하자. 10년을 계속 영어만 공부하면야 학위도 따겠지만 주부는 그렇게까지는 못 하는 처지이다. 학위를 따려고 공부를 하는 사람이 하루 8시간 공부해서 목적을 이룬다고 하자. 그렇다면 전업주부는 하루에 2시간만 할애해 보자. 학사학위를 딸 정도의 시간은 된다. 학위를 제쳐놓고라도 하루 2시간씩 꿈을 위해 준비한다면 후일 하고 싶은 일을 하는 자격 여건은 충분히 마련할 수 있다.

굳이 바깥에 나가서 돈을 들여서 공부하지 않는다고 해도 요즘은 인터넷과 컴퓨터로 자신이 하고 싶은 공부를 할 수 있는 여건이 충분이 된다. 외국어 회화도 인터넷과 방송매체를 통해 얼마든지 할 수 있고, 강좌도 얼마든지 들을 수 있다.

중요한 것은 자신이 진정 원하는 것이 무엇인지 자신의 꿈과 비전을 뚜렷이 하는 것이다. 그렇지 않으면 자신이 지금 어떤 준비를 해야 하는지 알 수 없어서 다른 사람의 의사에 의해 우왕좌왕할 것이다. 그러나 자신이 무엇을 원하는지를 분명히 안다면 무엇을 해야 할지 알고, 초점을 거기에 맞출 수 있을 것이다. 어떤 산에 오를지 결정하지 않으면 이 산과 저 산의 등성이만 헤매다가 날이 저물어 버리게 될 것이다. 일단 정복할 산을 정했으면 그 정상에 도달했을 때의 기쁨을 느끼면서 한 걸음씩 그곳으로 향하라.

변화의 물줄기를 놓치지 말고 함께 흘러가라

내가 가정 살림과 자녀 양육을 하면서 기회가 닿는 대로 일을 했던 것은 경제적인 문제도 문제였지만 사회와 단절된 느낌과 그로 인한 소외감이 점점 커져가는 것을 느꼈기 때문이다. 그런 소외감은 사회에서 자신에 대한 존재 상실감으로 이어진다. 가정에 머무르면서 가정 일과 자녀 양육에 푹 파묻혀 있다 보면 세상을 바라보는 시야가 좁아지고, 나아가 세상을 보는 그 자체가 점점 귀찮아진다. 한동안 가정과 자녀에 집중하는 가운데서 '이렇게 계속해서 세월이 지나면 극한 사회적 소외감 속에서 불행함을 느끼겠구나.' 하는 생각에까지 이르렀다.

달리기를 할 때 계속적으로 발을 움직여 앞으로 나아가야 언젠가는 결승점에 도달할 수 있다. 도중에 앉아 쉬다가 다시 달리기를 시작하려고 하면 몸이 굳어서 빨리 달릴 수가 없게 된다. 다시 제속도를 내기 위해서는 다시 상당 시간이 소요된다. 전업주부로 지내는 동안 본격적으로 달리기를 할 수 없는 상황일지라도 워밍업을 하고 있으면 때가 되었을 때 많은 시간을 소비하지 않고도 즉시 제대로 달릴 수 있다.

30대 후반이 되어갈 즈음 딸은 초등학교에, 아들은 유치원에 다니고 어느 정도 가정 일과 자녀 양육에 익숙해졌다. 그런데 이대로 있으면 영영 힘이 없어 일어날 수 없을 것 같은 사회적 불안감이 불현듯 나를 감쌌다. 일을 하고 싶었지만 내가 할 일은 어디에도 없는 듯했다. 나의 전공인 독일어를 활용할 일도 없었다. 그러나 자녀들이 집에 없는 시간에 어떤 일이든 시켜만 주면 잘할 것 같은 생각이 들었다.

생각 끝에 독일에서 가져온 동화책을 번역해서 어느 출판사에 가져가서 상담을 했다. 그 당시 나는 번역서가 어떻게 출판되는지 전혀 알지 못했다. 출판사를 소개 받은 것도 아니고, 어떻게 원고를 쓰는 것인지도 몰라서 그냥 마음대로 써서 담당자를 만났다. 담당자는 금방 내가 왕초보라는 것을 알아본 듯 출판에 대한 여러 가지와 번역 과정을 설명해 주었다. 정중하게 다음 기회를 보자는 말로 상담이 끝났다.

다음 기회는 없었다. 그 출판 담당자에게서 연락이 오지도, 내가 연락하지도 않았다. 그 동화책은 출판되지 않았지만 나는 번역서가 어떻게 출간되는지 조금 그림을 그릴 수 있었다. 그리고 또다시 어린이 성경 이야기의 책을 번역했다. 한 목사님과 그것을 어떻게 출간할 것인지에 대해서 상의했다. 목사님은 나의 열의를 높이 사셨는지 출판사 사장님을 소개해 주셨다. 나는 그 출판사 사장님의 주선으로 푸랑크 푸르트 도서 박람회에 참석하게 되었다.

푸랑크 푸르트 도서 박람회에서 나는 국제 출판 에이전시의 대표를 만났는데, 그 독일 대표는 나에게 에이전시의 한국 에이전트가 되어 줄 것을 제안했다. 나는 한국으로 돌아와서 그 에이전시의 한국 에이전트가 되어 활동했다. 한국의 출판사들과 연결하여 세계의 신간들을 소개하고 저작권 계약을 도왔다. 그 과정을 통해서 나는 번역을 하게 되었고 몇 년 사이에 8권의 번역서를 출간하게 되었다. 그때가 아이들이 유치원에서 초등학교로, 초등학교에서 중학교로 들어갈 때였다. 그 번역이 있었기에 지금 나는 저술을 하고 있다.

얕은 물에서는 저항을 별로 받지 않고 자유롭게 그 속을 오갈 수 있다. 그러나 물이 깊어질수록 저항이 강해져서 행동이 자유롭지 못하게 된다. 강에서 수영을 할 때도 물결의 흐름에 자신을 맡기면 속도를 더 빨리 낼 수 있지만, 그렇지 않고 물살을 거슬러 올라가면 더 많은 시간과 힘이 들어가게 된다. 어떨 때는 제자리 걸음만 할 수도 있다.

특히 집에서 보내는 시간이 많은 30대 여성은 세상의 변화의 물줄기를 놓치지 않아야 한다. 그래야 때가 되면 자신이 원하는 것을 하면서 살 수 있다.

사회에서 맞게 될 찬바람에 미리 두려워하며 뒤로 물러나 앉지 말아야 한다. 가정이라는 울타리 안에서 차갑고 낯선 세상에 뛰어드는 것을 두려워 말라. 자신이 원하는 삶을 살려면 망망한 바다와 같을지라도 자신이 가고 싶은 곳으로 계속 걸음을 옮겨야 한다.

새 중에서 가장 장수하는 것은 솔개로 알려져 있다. 솔개는 40세 정도가 되면 발톱이 노화하여 낡아지고, 부리가 길게 자라 앞으로 구부러져서 가슴에까지 닿을 정도가 된다. 그리고 깃털도 두껍게 자라서 그 무게 때문에 하늘로 날아오르기가 힘들어지게 된다. 그 즈음에 솔개는 두 가지 중 한 가지 선택을 해야 한다. 그대로 죽을 것인가, 아니면 변화의 과정을 거쳐 새로운 삶을 살 것인가이다. 변화를 선택한 솔개는 그 후 30년을 더 살 수 있게 된다.

변화를 선택한 솔개는 그 이후의 30년을 위해서 그냥 앉아서 때를 기다리고 있지 않고 할 일을 한다. 먼저 산 정상으로 올라가서 그곳에 둥지를 짓는다. 그리고 부리를 바위에 쪼아서 부리가 깨어지고 빠지게 한다. 그러면 새로운 부리가 서서히 돋아난다. 그 부리로 발톱을 하나씩 뽑아내면 그 자리에 새로운 발톱이 자라난다. 그 후에는 날개의 깃털을 하나씩 뽑아낸다. 그렇게 약 반 년이 지나면 솔개는 완전히 새로운 모습으로 변하여 새로운 삶을 얻어 30년을 자유롭게 보내게 된다.

빛나고 아름다운 20대를 지나 성숙한 40, 50대를 향해 가는 30대는 그 시기가 솔개가 제2의 생을 위해 변화를 준비하는 기간과 같이 힘들 수 있다. 그러나 솔개가 30년이라는 제2의 삶에 대해 희망했기에 그 모든 힘든 시간을 기꺼이 겪었던 것처럼, 주저앉지 않고 30대를 후일에 대한 변화의 시기로 받아들인다면 언젠가 자신이 날아다니고 싶은 곳에서 자유로운 삶을 살게 될 것이다.

당신만의 무기를 만들어 갈고 닦아라

솔개의 변화를 위한 시간은 인내와 고통이 따를 뿐 아니라 6개월이라는 긴 시간이 필요하다. 변화하는 삶을 위해서는 자신이 갖고 있는 옛 습성을 포기해야 할 때도 있고, 새로운 것을 받아들이는 용기도 필요하다. 자신의 안전 지대를 떠나 여행을 시작해야 할 수도 있고, 힘든 저항을 뚫고 나가야 할 필요도 있다. 어떠한 것이라도 감수하고 실행할 때 자신의 잠재력을 최대한 발휘할 수 있고, 자신이 원하는 미래를 향해서 날개를 펼치고 날아오를 수 있을 것이다.

그렇다고 변화란 솔개의 드라마틱한 변화처럼 큰 것만을 말하는 것은 아니다. 생활 속에서 실천하는 작은 변화가 결국 이후 자신의 삶을 이루게 된다.

내가 30대 후반이었을 때 40대 중반을 바라보는 선배 언니가 있었다. 그 언니는 20대 초반에 결혼해서 세 딸을 키우며 전업주부로 살았다. 딸들이 어느 정도 크자 선배 언니는 영어를 배우기 시작했다. 그 선배가 공부하고는 담을 쌓고 살았다는 것을 알고 있던 나는 심심풀이로 영어를 배우다가 말려니 하고 생각했다. 그 선배는 만날 때마다 자신이 배운 영어를 실제로 사용한 경험을 말하면서 신기해 했다. 그 영어 회화는 사실 좀 우스운 정도의 수준이었다.

그러나 꾸준히 영어를 배우고 있던 선배는 딸들이 하나, 둘씩 자신의 손을 떠날 때 즈음에 가끔 해외여행을 다니기 시작했다. 자신이 외국 사람과 영어로 의사소통을 조금이라도 할 수 있다는 것이 신기했던 선배는 기회를 얻을 때마다 영어를 사용했다. 그러나 나는 계속해서 좀 지나면 말려니 하고 생각했다. 왜냐하면 외국어는 깊이를 더해 가면서 더욱 어려워지고, 결국 문화적 벽에 부닥치게 되는 경우가 많기 때문이다. 특히 외국에서 살지 않고 한국에 있을 경우 그러하고, 여행을 다닌다 해도 별로 깊이 있는 영어를 할 기회도 없기 때문이다.

그런데 영어를 배우기 시작한 지 15년이 되어 가고 환갑의 나이를 바라보는 선배는 외국에 가면 어디를 가든 문제가 없을 정도로 영어에 능숙하게 되었다. 뿐만 아니라 외국에서 주변 한국 사람들에게 통역을 해 줄 정도가 되었고, 식사를 하는 내내 외국 사람과 끊임없이 대화를 나누고 친구까지 되는 수준이 되었다. 자신이 원하면 세계 어느 곳이건 갈 수 있을 정도로 언어에 자신감이 생기게 된 것이다.

한 가지를 꾸준히 갈고 닦은 결과 자신만의 무기를 만들게 된 선배는 남들은 이제 삶을 마무리하려고 하는 때에 무엇이든 자신이 원하면 이룰 수 있다는 자신감에 꽉 차 있다. 그러니 세상에 대해 점점 더 긍정적이 되고 개방적이 될 수밖에 없다. 따라서 삶이 즐겁고 행복하다. 누가 뭐라고 해도 자신이 원하는 것을 긴 시간 갈고 닦아서 결국 이루어내는 것을 지켜본 세 딸 역시 모두 엄마가 되었지만, 자신의 자리를 확고히 마련하였다. 첫째 딸은 박사 학위를 받고 대학에서 강의를 하고 있고, 둘째 딸은 국제 체육 심판으로 활동하고 있으며, 최근 첫 아들을 출산한 셋째 딸은 대기업 과장으로 승진했다.

선배가 영어를 배우면서 아무런 어려움 없이 항상 앞으로 전진하지만은 않았을 것이다. 그 나이에 영어는 배워서 무엇 하느냐는 소리를 듣고 힘이 빠졌을 수도 있고, 한국에서 영어를 배우기에는 힘들 것이라는 소리도 들었을 것이다. 아무런 소득 없는 일에 시간을 보내느니 그냥 편안하게 사는 것이 낫지 않겠느냐는 주변의 비아냥거리는 소리도 들었을 것이다. 그러나 주변의 부정적인 반응에 연연하지 않고 꾸준히 노력한 결과 자신이 원하는 것을 성취하게 되었을 것이다.

30대에는 여러 가지 주변 여건으로 정말로 자신이 원하는 일을 하지 못할 수가 있다. 그렇다 하더라도 자신이 원하는 것에 대한 준비는 계속해서 해야 한다. 그러면 기회가 왔을 때 그 기회를 놓치지 않고 자신이 원하는 것을 이룰 수 있을 것이다.

힐러리 클린턴

힐러리 클린턴은 2008년 미국 대통령 출마를 공식적으로 선언함으로써 미국 역사상 최초의 여성 대통령에 도전했다. 힐러리는 출마 초기 여론 조사에서 전국적으로 50%를 뛰어넘는 지지율을 획득하면서 강력한 대권 후보 대열에 들었다.

또한 그녀는 상원의원과 퍼스트레이디로서의 경험과 막대한 선거자금과 정치적 인맥과 조직을 갖고서 "나는 승리하기 위해 뛰어들었다."라며 자신감 있게 대선에 임하였다. 그녀가 비록 대권 도전에 실패했지만, 여성으로서 최고의 자리에 도전한 자체로 전 세계의 관심사로 떠올랐고, 많은 여성들에게 꿈과 희망을 불어넣어 주었다.

시카고 근교에서 태어나 중산층 가정에서 안정된 유년 시절과 성장기를 보낸 힐러리는 그녀가 강한 딸이 되기를 원했던 부모 밑에서 자랐다. 외모에 신경을 쓰던 또래 여자 아이들과는 다르게 어릴 때부터 공부에 열심이었고 정치에 관심이 많았다.

그녀는 웨즐리 대학교과 예일 대학교 법대를 수석으로 졸업한 후 변호사 생활을 시작했다. 예일 대학교 법대에서 대통령이 되려는 꿈을 갖고 있던 빌 클린턴을 만나 결혼했고, 그 후 30년이 넘도록 삶의 동반자와 가장 강력한 정치적 파트너로서 길을 가고 있다.

남편인 빌 클린턴은 32세 때에 최연소로 아칸소 주지사에 당선 되었다. 그러나 그 후 클린턴이 재선에서 패배하자, 힐러리는 그의 참모가 되어 아낌없는 정치적 지지자가 되었다. 결국 1982년 클린턴은 주지사를 다시 역임하게 되었고, 정치인의 아내로서 두각을 나타내기 시작한 힐러리는 1991년 미국의 가장 힘있는 변호사 1백 명에 선정되었다.

클린턴이 정치적으로 위기에 처할 때마다 그의 방패막이가 되곤 했던 힐러리는 특별히 1992년과 1996년 대통령 선거운동을 앞서서 지휘하면서 클린턴을 대통령으로 만드는 데 결정적인 공헌을 했다.

백악관의 퍼스트레이디로서 클린턴 대통령 곁을 지키던 힐러리는 1998년에 있었던 빌 클린턴의 모니카 르윈스키와의 부적절한 관계로 인한 파문으로 큰 시련을 겪게 되었다. 클린턴의 성추문 사건이 사회적 이슈가 될 때 그녀는 정치적 음모로 생각하고 싶었다. 그러나 모든 것이 사실이라는 클린턴의 자백을 듣고 견디기 어려운 시기를 겪어야 했다. 별거 등 상당 기간 동안 두 사람 사이에 냉기가 돌았고, 이혼까지 생각하던 결단의 순간에 그녀는 클린턴에 대한 사랑으로 용서를 택했다. 그것을 일각에서 권력을 택한 야심으로 생각하든, 사랑의 결과로 생각하든 간에 정치적인 면으로나 부부 문제로나 그들로서는 최상의 결정이었다.

클린턴 대통령의 임기가 아직 끝나기 전이었던 2000년에 힐러리는 뉴욕주의 상원의원에 당선되어 중앙정치 무대에 당당하게 입장했고, 퍼스트레이디로서가 아니라 한 정치인으로서 홀로서기를 하며 정치적 능력을 인정받기 시작했다.

대통령 후보로서 인기가 날로 상승했던 힐러리는 특히 미국 여성들에게 폭넓은 지지를 받았다. 그녀는 세계 여성들에게 '여성 권리의 성장'을 몸소 보여주었고, 아내로서, 어머니로서, 변호사로서, 퍼스트레이디로서, 상원의원으로서, 인권운동가로서 파란만장한 길을 걸어온 우먼 파워의 상징이 되었다. 그녀는 퍼스트레이디로서 대통령의 동반자 역할을 하는 데 그치지 않고, 대통령이 될 꿈을 가지고 그 꿈을 향한 결정들을 다짐하며 준비했기에 백악관의 문을 두드렸을 것이다.

오늘 눈물을 흘리며 씨를 뿌리는 자는 내일 기쁨으로 거두리로다 오늘 울며 씨를 뿌리러 나가는 자는 내일은 정녕 기쁨으로 그 단을 가지고 돌아오리로다
　　　　　　　　　　　　　　　　　　　- 성경 시편 126장 5∼6절 -

CHAPTER *03*

여자 30대, 아무도 당신의
빛나는 청춘을 인정하지 않을 것이다
스스로 찬란한 인생을 만들어라

30대는 자신을 깎아내는 고통 가운데 매끄러운 돌이 되어 가고,
그 후의 여유 있고 매끄러운 삶을 준비하는 시기이다.
그리고 열매 맺는 삶을 위해서 꽃을 피우는 시기이다.
힘든 일이 닥칠 때 차라리 기뻐하라.
그로 인해 당신의 광채가 밝기를 더해가고 있기 때문이다.

성숙한 자신의 심신을
사랑해 주어라

독일에서 생활하는 동안에 나이가 비슷한 30대 여성과 가깝게 지낸 적이 있다. 그녀도 결혼을 해서 두 자녀가 있었고, 공부를 하고 있었다. 그녀는 유난히 요리하는 것을 좋아했을 뿐 아니라 요리를 잘했기 때문에 때로 주변 사람들을 기쁘게 했다. 여느 한국 여성들처럼 상다리가 부러지게 차리는 것은 아니었지만, 한두 가지를 내어도 푸짐하고, 눈에 보기 좋고, 맛깔스럽게 차렸다.

어느 날 그녀는 나만 점심 식사에 초대를 했다. 나와 조용히 대화를 나누고 싶다는 이유에서였다. 식사 초대였기에 나는 초콜릿 한 상자와 예쁘고 작은 초를 선물로 가져갔다. 여러 사람을 초대했을 때는 사람들이 북적거리는 관계로 몰랐는데, 그날은 집안 정리가 깔끔하게 되어 있었고, 입구에 나를 위해 폭신한 슬리퍼까지 준비해 두었다.

그녀는 조용한 클래식 음악이 흐르는 응접실 한 쪽에 놓인 식탁을 세팅하고, 초를 켰다. 음식은 큰 접시에 담긴 스파게티와 작은 접시에 담긴 샐러드였기 때문에 식탁에는 남은 공간이 많이 있었다. 그녀는 그 공간에 장미꽃잎을 뜯어다가 뿌려놓았다.

나는 마치 고급 레스토랑에서 귀빈 대접을 받는 듯한 기분이 들기도 하고, 별 세계에 온 듯했다. 평소에 항상 손님을 대접하고 아이들을 키우고 살림하느라 거기에 푹 젖어서 사는 아줌마로 생각했던 그녀에게 그런 점이 있다는 것이 놀라웠다.

그녀의 뜻밖의 대접에 감동한 나에게 그녀는 자신의 첫사랑에게서 그런 것을 배웠노라고 하면서 잠깐 감회에 젖었다. 그녀는 결혼 초에 남편과 때로 그런 시간을 가지려고 했지만, 남편은 그런 분위기에 숨이 막히는 듯해서 이제는 더 이상 남편과 그런 시간을 가지지 않는다고 했다. 그러나 자신은 그런 시간을 통해서 자신이 더 소중하게 생각되고 재충전되기 때문에 때로 혼자서 그런 시간을 갖는다고 했다.

가족이 함께 할 때면 될 수 있으면 남편과 자녀들의 취향에 맞추어서 생활하지만, 때로 혼자 있을 때는 자신만을 위해서 그렇게 자신이 좋아하는 것으로 시간을 즐긴다고 했다. 그리고 내가 그런 좋은 시간을 함께 할 수 있는 친구라고 생각했기에 초대했다고 했다.

우리는 그날 우아하게 식탁에 앉아서 누구의 방해도 받지 않고 우리만의 취향에 따라 음악을 듣고, 우리의 입맛에 따라 음식을 먹으면서 이런저런 얘기를 나누며 즐거운 점심 시간을 보냈다. 우리는 스스로 아주 중요한 사람인 듯 여겨졌다.

돌보아야 할 어린 자녀들이 있고, 남편이 있고, 가정이 있는 주부는 항상 무엇이든 그들에게 맞추어 생활을 하게 된다. 자신은 항상 양보를 하고 뒷전으로 물러나기 마련이다. 거의 모든 주부는 자신이 밥을 한 숟가락 더 먹는 것보다 아이나 남편이 먹는 것을 우선으로 여기고, 그것을 보며 즐거워한다. 그래서 맛난 음식은 항상 그들 곁으로 슬그머니 밀어놓고, 왜 먹지 않느냐고 질문해 오면 '난 벌써 배가 불러.' 라고 하거나 '난 다른 게 더 좋아.' 라고 하면서 핑계를 댄다. 옷을 사려고 백화점에 갔다가도 아이들 생각이 나서 정작 자신의 것은 마련하지 못하는 경우가 더 많다.

나도 다른 사람들처럼 운동이 하고 싶은 적이 있어서 헬스클럽을 찾은 적이 있었다. 돌아오는 길에 내가 헬스클럽에 다니느라 비용을 들이느니 차라리 아들을 태권도장에 보내는 것이 더 낫겠다는 생각에 결국 헬스클럽에는 한 번도 가보지 못했다. 어쨌든 운동은 해야겠기에 동네에 있던 대학교 운동장에서 새벽에 조깅을 하기로 했다.

물론 엄마로서 자녀를 먼저 생각하는 마음은 본능일 것이고, 그래서 엄마는 아름다운 것이다. 그러나 주부가 분수에 맞는 선에서 자신을 챙기고 아끼는 모습을 당당하게 보여주는 것도 남편과 자녀가 그런 아내와 엄마를 둔 자신을 더욱 자랑스러워하게 하는 일이 될 것이다. 스스로 자신을 위하고 아껴줄 때 자존감도 높아지고 주변의 대우도 달라진다는 것을 느끼게 될 것이다.

많은 사람들이 알고 있을지 모르겠지만, 이야기 하나를 들려주려고 한다. 어느 노모가 먼 지역에 살고 있는 아들 내외에게 생일 선물을 받았다. 선물을 열어보니 놀랍게도 굴비 머리만 가득 담겨 있었다. 아들이 쓴 카드에는 '어머니께서 가장 좋아하시는 생선 머리를 보냅니다.'는 글이 적혀 있었다. 그 노모는 아들과 식사를 할 때면 항상 생선 머리를 먹으면서 '난 생선 머리를 가장 좋아한단다.'라고 말했었다. 아들에게 생선 살을 많이 먹이고 싶은 엄마의 사랑의 발로였다. 노모는 그 생선 머리가 빼곡히 들어 있는 선물상자를 보면서 가슴이 철렁 내려 앉았다. 극단적이고 믿지 못할 얘기지만 아들만을 위했던 엄마의 말로를 빗댄 이야기이다.

자신이 만족을 느껴야 주변이 만족을 느낄 수 있고, 자신이 정신적으로나 신체적으로 건강해야 주변이 건강해질 수 있다. 자신의 주변만을 위하고 챙기다 보면 자신은 정작 위해 주지 못하고 챙기지 못하게 될 수 있다. 대체적으로 주부는 몸이 아플 때가 가장 서럽다. 식구들이 아프면 자신이 돌보아 주지만, 자신이 아플 때는 아무도 돌보아 줄 사람이 없는 경우가 대부분이기 때문이다.

자신에게 주어진 직업과 가정 일 물론 중요하다. 그러나 스스로 건강하고 아름다운 정신과 신체를 갖도록 하는 것이 더욱 더 중요하다. 이를 위해 항상 다른 사람의 취향과 상황에만 자신을 맞출 것이 아니라 자신이 원하는 대로 해 보는 시간도 필요하다. 예를 들면, 자신이 좋아하는 책을 읽고, 자신이 듣고 싶은 음악을 듣고, 자신이 가고 싶은 곳에 산책을 하는 것이다. 자신의 육

체와 정신과 영혼을 뜨겁게 사랑하고 귀하게 아껴주면 주변도 거기서 나오는 광채에 영향을 받게 될 것이다.

아름다운 말로써 당신 영혼의 아름다움을 뿜어내라

독일에서 생활하던 시절 의도치 않게 한 사람과 공간적으로 가까이에서 지낼 수밖에 없는 상황이 있었다. 같은 집에 세 들어 있던 관계로 공간을 나누어 쓰고 있었기 때문이었다.

얼굴 표정이 항상 어두웠던 그는 말도 그리 밝지가 않았다. 사람들과 대화를 나눈 후 뒤돌아 서서는 거의 '기분 나빠.', '재수 없어.' 라고 말했다. 어떤 것을 새로이 시도하는 것에 대해서 대화를 나눌 때면 '안 될 걸! 힘들 텐데! 해서 뭐해? 안 되면 어떻게 해? 거의 실패한대.' 등과 같이 부정적인 말을 하곤 했다. 그는 늘 다른 사람에 대한 말을 많이 했는데, 항상 부정적인 말이었다. 내가 어떤 사람에 대해 긍정적으로 받아들인 점도 이상하게 그 사람의 입을 통해서는 부정적으로 바뀌어서 흘러나왔다.

그는 이웃 독일 사람에 대해서도 그들이 자신과 다르다는 것을 이해하지도, 인정하지도 못했다. 그래서 항상 독일 사람이 자신을 무시한다면서 기분 나빠하는 등 피해의식에 젖어서 언짢아 했다. 그들이 한국말을 모른다는 이유로 그들 면전에서 한국말로 빈정거렸다.

독일과 한국이라는 문화적 차이가 있다는 것과 같은 한국 사람이어도 생각에 차이가 있다는 것을 말하려 해도 그런 것에는 마이동풍이었다. 점점 그 사람과 함께 있는 것이 부담스러워졌고, 함께 있으면 항상 기분이 나빠지기 시작했다. 나는 무엇을 하려고 시도할 때면 절대로 그 사람에게는 언급을 하지 않았다. 나의 용기를 꺾어 놓을 것이 분명했기 때문이었다.

그 사람의 입에서는 보이지 않는 독이 품어져 나오는지 그 곁에서는 용기가 꺾이고, 자신감이 없어지고, 자존감이 상실되고, 힘이 쭉 빠지는 듯했다. 그냥 흘려버리려고 해도 어쩔 수 없이 듣게 된 말은 나에게 스며들어서 나쁜 영향을 주었다.

'믿음은 들음에서 난다.' 라는 말이 있다. 들으면 어쩔 수없이 그 말이 마음속에서 살아 움직이게 된다. 그래서 이 세상에서 말은 사라지지 않고 살아 있다고 하는 것 같다.

그 사람을 피하기 위해 나는 이사를 결정했다. 더 이상 그 사람과 같은 집에서 지내지 않게 되자 자연스럽게 대화도 오가지 않게 되었다. 의도적으로 나는 그 사람과 더 이상 접촉을 하지 않았다. 그러나 그 사람을 떠올리기만 해도 그 입에서 나오던 부정적인 말들이 들리는 듯해서 머리속에서 털어버리려고 노력을 하곤 했다.

언제부터인가 나는 몇 가지 말하는 규칙을 세우게 되었다.

첫째는 절대 어떤 사람에게 부정적인 말을 하지 않는다는 것이다. 정말로 부정적인 생각이 들면 차라리 입을 다물어 버린다. 그 말을 하면 다른 사람만 듣는 것이 아니라 나의 귀도 듣기 때문이다. 설사 내가 그 말을 진심을 담아 하지 않았다고 해도 나의 귀는 그것을 듣고 믿어버리게 된다. 그러면 진실이 아닌 것을 나의 말 때문에 진실로 받아들여 버리는 실수를 하게 된다.

한번 살펴보라. 누가 어떤 나쁜 일을 했고, 누가 사건을 저질렀다는 등 주변에서 들려오는 말의 80%는 부정적인 것이다. 그리고 거의 80%의 사람들은 당신의 일과 생각에 대해서도 '글쎄, 그게 될까? 당신 나이가 몇인데! 여자잖아! 아이와 가정은 어떻게 하고? 얼마나 오래 산다고 그렇게 애써? 편하게 그냥 살아!' 등과 같이 부정적으로 받아들이며 얘기할 것이다. 사람들은 하루에 오만 가지 생각을 한다고 한다. 그 오만 가지 생각 중에서 거의 80%는 부정적이고, 20%는 긍정적이라고 한다. 이와 맞물려서 대부분 사람들은 부정적으로 기울여져 있다. 그래서 의도적으로 긍정적으로 생각하고 말하지 않으면 자연히 부정적인 사람이 된다.

두 번째는 다른 사람에 대해서는 긍정적인 부분만 말을 하기로 했다. 워낙 낙천적이고 긍정적인 성향을 지닌 터라 나는 사람을 볼 때 긍정적인 면이 먼저 보인다. 혹 그 사람에 대해 부정적인 말이 나오려고 하면 아예 말을 멈춘다. 그리고 그 사람에 대해 긍정적인 것을 생각해 보면 그 사람의 긍정적인 점들이 마음에서 입으로 나오게 된다.

어떤 모임에서는 입을 다물고 있는 경우가 많다. 그 모임에서 다른 사람에 대해 얘기하는 경우 거의 부정적인 말이 많기 때문에 나는 말하고 싶지도 않고, 할 말도 없어진다. 꼭 그곳에 있어야 할 경우 그냥 듣고 있다가 때로 기회가 오면 긍정적인 면을 말한다.

남들은 나를 좀 별나고, 재미없고, 고지식한 사람이라고 생각할지도 모른다. 그러나 시간이 어느 정도 흐르고 나면 그 자리에 없는 사람에 대해 긍정적인 말을 하는 나를 더 신뢰하는 것을 본다. 또한 그들은 힘든 일이 있을 때면 기꺼이 나와 대화를 나누고 싶어한다.

세 번째로 나는 자신에게 좋은 말을 해 주기로 했다. 당신 자신에게 하는 말을 들어보라. 자신이 어떤 공부나 일을 시작하려는 생각을 한다고 하자. 그러면 우리 주부들은 '내가 할 수 있을까? 아이들 교육이 잘 안되면 어떻게 하지? 하다가 그만두면 안 한만 못 하잖아.' 등과 같은 말로 힘 빠지는 말을 쏟아 붓는다. 이렇게 부정적 생각과 말을 긍정적 생각과 말보다 더 많이 하게 되면 결국 그 일을 추진하지 못하게 된다.

나는 될 수 있으면 좋은 말을 많이 하고 싶다. 사람의 기운을 돋우어 주고, 용기를 주고, 위로를 해 주고 싶다. 내가 좋은 사람이 아니라고 해도 좋은 말을 하면 좋은 생각을 많이 하게 되고 결국에는 좋은 사람이 될 것이다. 내가 아름답고 착한 영혼을 가지지 않았다고 해도 아름답고 착한 말을 많이 하면 내 마음도 따라서 아름답고 착해진다.

한번 실험해 보라. 그렇다고 가식적이 되라는 것은 아니다. 조금 어색하게 느껴지더라도 나쁜 말보다 좋은 말을 해 보라. 자신이 점점 더 좋은 사람이 되어가는 것을 느끼게 될 것이다.

나와 다른 사람에 대해서 '좋다, 착하다, 멋있다, 아름답다, 행복하다, 성공한다, 풍성하다' 라는 종류의 말을 자꾸 하면 그 말이 바로 내가 된다. 왜냐하면 나의 잠재의식이 그것을 입력하여 그렇게 나를 만들어가기 때문이다.

반대로 다른 사람에 대해서 '밉다, 못됐다, 멋없다, 불행하다, 실패한다, 가난하다' 라는 말을 자꾸 해 보라. 바로 당신이 그런 사람이 된다. 그러므로 자신에게나 다른 사람에게나 좋은 말을 하는 것이 모든 면에서 당신에게 이롭다.

좋은 향기와 같이 항상 좋은 말이 입에서 풍겨져 나오도록 습관을 길러 보자. 아름답고, 긍정적이고, 행복을 일으키고, 용기를 주는 말을 쓰고 들어 보라. 그러면 당신의 삶이 그렇게 될 것이다.

나는 아름답다, 나는 멋지다, 나는 똑똑하다, 나는 성공한
다, 나는 좋다, 나는 건강하다, 나는 승리한다, 나는 부자
다, 나는 풍요롭다, 나는 예쁘다, 나는 행복하다, 나는 기
쁘다, 나는 날씬하다 등

자신만의 아름다운 빛을 맘껏 발하라

현 시대의 우리 여성들은 '거울아, 거울아, 이 세상에서 누가 제일 예쁘니?'라는 질문을 거듭 하면서 이 세상이 요구하는 아름다움의 잣대에 자신을 맞추지 않으면 안 되는 듯한 세상에 살고 있다. 거울에게 긍정적인 대답을 듣고 싶으면 거울이 말하는 기준에 맞출 수밖에 없다. 그러면 거울은 대답할 것이다.

"이 세상에서 가장 예쁜 사람은 바로 당신이지요!"

그렇다고 행복해질까?

잠시 시간이 지난 후에 거울에게 또다시 그런 질문을 한다면 거울은 또 다른 대답을 할 것이다.

"더 아름답게, 더 날씬하게, 더 팽팽하게."

그 거울의 잣대에 맞추려면 옷을 사고, 화장품을 사고, 작은 옷에 자신의 신체를 맞추고, 어쩌면 수술을 해야 한다. 거울이 우리 여성에게 요구하는 사항은 점점 더 많아지고 교묘해져 간다.

20여 년 전에만 해도 여성들은 다이어트와 운동으로 자신을 관리했다. 건강과 미를 위해서였다. 구태여 손을 댄다면 기껏해야 쌍꺼풀 수술 정도였다. 그러나 21세기가 되어 가면서 거울이 요구하는 미의 척도에 짜맞추기 위해서 쌍꺼풀 수술은 기본이 되었고, 얼굴 주름을 없애고, 입술을 도톰하게 만드는 등 얼굴 성형이 유행하였다. 게다가 가슴을 크게 하고, 엉덩이를 끌어 올리는 등 상상을 초월하는 성형이 성행하고 있다.

거울은 자신이 원하는 미의 기준을 만들어 놓고 여성들이 집착하게 하고, 계속해서 물어보게 한다.

"거울아, 거울아, 이 세상에서 누가 제일 예쁘니?"

그 질문에 거울은 언제나 이렇게 대답을 한다.

"더 가볍게, 더 가늘게, 더 예쁘게, 더 팽팽하게."

얼마 전까지만 해도 여성들은 자신의 몸에 맞는 사이즈의 옷을 사서 입었다. 그런데 요즘은 자신이 입고 싶은 옷에 자신의 몸을 맞추기 위해 노력하고 있다. 상업적 이익을 추구하는 의류업계는 여성들의 그런 심리를 미리 알고 대처하고 있다. 사이즈를 한 단계 줄여서 표기하는 것이다. 한 단계 적은 사이즈를 입은 여성은 자신이 더 가볍고 더 가늘어졌다고 흐뭇해 하면서 옷을 사고,

의류업계는 그 대가로 이윤을 챙긴다.

요즈음은 사람들이 어떤 스타일이어야 한다고 결정하는 것은 당사자 자신이 아니라 의류업계이다. 어제나 오늘이나 당신이 자신만의 개성을 꾸준히 지키는 것을 의류업계는 절대 환영하지 않는다. 대신 계속 스타일을 바꾸도록 유도한다. 계속 거울에게 물어보고 계속 옷을 사도록 한다. 바비 인형 같은 모델에게 멋진 옷을 입히고, 아름다운 화장을 해 주고서 당신에게 이처럼 되라고 유혹한다. 일반 여성들로서는 따라 하기 힘든 모습을 만들어놓고 끊임없이 유혹하여 불만을 이끌어 낸다.

여성들이 스스로 자신에게 만족한다면 아마도 여성을 상대로 하는 업체는 망하고 말 것이다. 여성이 자신의 외모에 불만을 가져야 지속적으로 지갑을 열 것이기 때문이다. 그들은 여성의 행복에는 관심이 없다. 오로지 여성을 통해 돈을 버는 데만 급급해 있을 따름이다.

그러한 상술도 모르고 따라가다 보면 결코 만족함도, 행복도 얻을 수 없다. 항상 자신은 뭔가 부족하고, 뭔가 채워야 할 것 같은 공허함만이 늘어난다. 그 텅 빈 공간은 자존감 부족으로 채워지게 된다.

꽃을 보면 모든 것이 아름답다. 여자를 꽃에 비유하는 경우가 많은 것은 그만큼 여자가 아름답기 때문일 것이다.

꽃이 피어나는 과정도 아름답지만, 역시 꽃은 만개했을 때가 가장 아름답고, 가장 향기도 짙다. 20대 여성을 막 피어난 꽃에 비유한다면 30대 여성은 짙은 향내를 풍기는 만개한 꽃에 비유할 수 있다. 30대는 머지않아 열매를 맺기 직전의 진한 향내를 품어내는 시기이다. 그래서 30대가 가장 아름다운 때라고 나는 주장한다.

20대의 환하게 피어나는 시기를 지나 인생의 벽을 느끼기도 하고, 인생의 쓴맛을 보기도 하는 시기가 30대이다. 자녀를 잉태하는 기쁨과 고통을 겪고, 한 가정을 일으켜 세우는 것을 배우는 시기도 30대이다. 30여 년을 다른 환경에서 살아온 배우자와 함께 사랑하고, 갈등하며, 적응해 나가는 시기도 30대이다. 이러한 것들과 더불어서 비전을 품고 직업적 어려움과 갈등을 이겨나가는 것을 통해 성숙하는 시기도 30대이다.

인생을 알아가고 사람을 알아가는 시기 또한 30대이다. 나와 다른 사람을 인정하고, 다른 사람의 입장에서 사물을 바라보게 되는 시기 또한 30대이다. 이 모든 것을 통해서 성숙의 아름다움을 더해가는 시기가 바로 30대이다. 내면의 광채를 발하는 시기가 바로 30대이다.

속에 아무 것도 들어 있지 않으면 아무것도 풍겨져 나오는 것이 없다. 혹 30대로서 아무런 고통이나 갈등이 없는 가운데 평탄하고, 편안한 삶을 보내고 있다면 그것을 자랑하지 말라. 그런 사람이 있다면 차라리 통곡하라. 아름다움의 광채가 희미할 것이기 때문이니까 말이다.

　30대는 자신을 깎아내는 고통 가운데 매끄러운 돌이 되어 가고, 그 후의 여유 있고 매끄러운 삶을 준비하는 시기이다. 그리고 열매 맺는 삶을 위해서 꽃을 피우는 시기이다. 힘든 일이 닥칠 때 차라리 기뻐하라. 그로 인해 당신의 광채가 밝기를 더해 가고 있기 때문이다.

오드리 헵번

벨기에 브뤼셀의 한 부유한 은행가 집안에서 태어난 오드리 헵번은 정작 남부러울 것 없는 화려한 유년 시절을 보낸 기억이 없다. 부모님의 이혼으로 어머니와 살았고, 16세가 될 때까지 제2차 세계대전의 참혹한 전쟁을 겪었다. 그에 따른 빈곤과 빈혈 등 힘들고 불우한 기억이 자리 잡고 있기 때문이다. 그래서 그 시절에 대한 얘기를 하기 꺼렸다고 한다.

헵번은 소녀 시절 음악 학교에서 발레를 배우는 것을 워낙 좋아했다고 한다. 다른 아이들보다 통통했던 헵번은 발레를 배우면서 날씬하고 예뻐졌다. 그녀의 길고 우아하고 아름다운 목선은 발레로 다듬어진 것이라고 한다.

전쟁 후 어머니와 런던으로 이사를 했는데 그곳에서 헵번의 발레 솜씨를 인정한 프랑스 소설가 콜레트를 만났다. 그 만남이 인연이 되어 그녀는 연기 경력이 없었는데도 캐스팅되어 연기를 시작했다. 그녀의 아름다운 춤과 외모에 많은 사람들이 박수를 보냈다.

'로마의 휴일'로 아카데미 여우 주연상을 받음으로써 그녀는 드디어 은막의 스타로 나타나게 되었다. 이후 '사브리나', '파니

페이스', '티파니에서 아침을', '마이 페어 레이디' 등 26편의 작품을 통해 티없이 맑은 순진한 여성상을 표출했다. 그리고 1960년대 이후에는 단역으로 이따금씩 모습을 드러낸 것 외에는 스크린에 나타나지 않았다.

그녀는 세 번 결혼을 하고, 두 번 이혼을 했다. 두 번째 결혼을 실패한 후 다시는 결혼하지 않겠다고 다짐을 하기도 했다. 그러나 자신의 친구이자 남편이 된 배우 로버트 월더스를 만나 결혼하고, 그와 함께 말년에 유니세프 친선 대사로 활동하였다.

그녀는 1988년도에 유니세프 친선 대사가 되어 달라는 제의를 기꺼이 수락하여 인도적인 활동에 적극적으로 참여하면서 말년을 보냈다. 1년에 1달러의 보수를 받고 봉사 활동을 하며, 친선 대사로서 공식 출장비와 숙박비 외의 모든 비용을 자신이 들여서 했다고 한다. 특히 빈곤한 제 3세계를 오갈 때 많은 고생을 하기도 했다.

그렇지만 그녀는 그것을 희생이 아니라고 했다. 희생은 자신이 원하지 않는 것을 위해서 자신의 것을 포기하는 것이지만, 자신은 버림받은 사람들과 굶주린 어린 아이들에게 오히려 선물을 받은 기분이 들었기 때문이라고 했다.

헵번은 1992년에 유니세프 친선 대사로 소말리아를 방문한 후 자신이 대장암에 걸렸다는 사실을 알게 되었다. 미국 로스앤젤레스에서 수술을 받았지만 완쾌하지 못했다. 그녀는 스위스 제

네바호 근처 톨로체나즈 마을의 하얀색 꽃으로 가득 찬 자택에서 마지막 크리스마스를 맞았다. 온 가족과 함께 저녁 식사를 하고는 잠자리에 들면서 간호사에게 말했다고 한다.

"난 오늘 내 인생 최고의 크리스마스를 보냈어요".

그녀는 그날 밤 64세로 생을 마감했다. 그녀는 영화계를 은퇴한 1966년부터 두 아들을 키우면서 지냈던 톨로체나즈 마을에 있는 레만호와 하얀 눈으로 뒤덮인 알프스 몽블랑이 보이는 묘지에 안장되었다.

아름답고 우아한 모습으로 만인의 기억 속에 남아있는 오드리 헵번은 말년의 아름다운 마음과 행동으로 더욱 멋진 여인의 삶을 보여 주고 갔다. 그녀의 미소는 깊은 영혼에서 우러나오는 진실한 것임을 그녀가 아들에게 남긴 마지막 유언을 보면 알 수 있다.

책은 절대적으로 죽은 사물이 아니다. 그 곳에는 그들의 자손이 자기와 같이 활발한 영혼이 되기를 원하는 생명력이 있다. 그렇게 그들은 자손을 길러 줄, 지성의 가장 순수한 효험과 추출물을 약병에 담은 것처럼 보관하고 있다.

- J. 밀턴 -

CHAPTER *04*

여자 30대, 아무도 당신에게
사랑을 요구하지 않았다
진정한 사랑으로 당신의 마음을 채우라

누군가에 의해서 만들어지는 당신이 되지 말고,
누군가의 기대에 따라 흔들리지도 말고,
자신이 무엇을 원하는지, 왜 그것을 원하는지,
진정 가정을 위해서 시간과 에너지를 들여 일하고 있는지를 생각하라.
그리고 당신이 진심으로 원하는 것을 하라.

아무도 당신이 완벽하기를 기대하지 않는다

처녀 시절, 나의 방은 모든 것이 정리 정돈이 되어 있어야 했다. 옷장 속이나 서랍 속 등 보이지 않는 곳은 둘째 치고라도 적어도 방에 들어섰을 때 모든 것이 반듯해야 기분이 좋았다. 방을 훑어 보고 인형이라도 쓰러져 있으면 바로 잡아야 뭔가 제대로 된 것 같았다. 그리고 책을 읽을 때에도 모든 것이 정리된 상태여야 훨씬 집중이 잘 되는 듯했다.

결혼을 하고 첫 아이가 태어나 기고 일어나서 막 걷기 시작할 때까지 마찬가지였다. 아침에 일어나면 대충이나마 흐트러진 물건들부터 정리했고, 외출해서 돌아와서도 마찬가지였다. 그러나 아이가 걷기 시작하면서 장난감이든, 책이든, 아이의 손이 닿는 곳에 있는 것들은 제자리에 있는 법이 없었다. 그래서 아이를 좇아 다니면서 정리했다. 잡다한 것들은 장 속에 집어 넣었다. 그러나 그것도 그때뿐 아이는 부엌으로 아장아장 걸어가서 냄비를 끄집어 내고, 행주를 땅에 떨어뜨리는 등 잠시도 가만 있지 않았다. 아이가 눈을 뜨고 있는 한 모든 것이 제자리에 있는 것이 없었다. 살림과 공부 등 할 일도 많은데 모든 것이 반듯하게 있어야 한다는 생각까지 하자니 스트레스가 쌓였다.

어느 날 나는 자신을 편안하게 만들기로 작정했다. 공부, 일,

가정 살림, 아이 돌보기, 거기다 깔끔한 정리정돈까지 모든 것을 잘할 수는 없다. 한 가지를 잘 하면 다른 한 가지는 좀 덜 잘할 수도 있다. 깔끔하게 정리정돈이 되면 좋지만, 그것 때문에 스트레스를 받는다면 차라리 좀 덜 정리가 되어 있어도 마음이 편한 것이 낫겠다는 생각이 들었다. 나는 '모든 것을 잘 할 수는 없다, 완벽할 필요는 없다.'고 자신을 위로했다.

그 다음부터는 아이와 함께 흐트러트리는 놀이를 했다. 아이가 책을 찢어 흩어 놓아서 속이 상했기 때문에 이번에는 내가 잡지를 끄집어 내어서 아이와 함께 찢으며 방에 던지면서 놀았다. 아이는 엄마와 함께 종이를 찢어서 사방에 날리는 것이 신이 났는지 깔깔거리면서 즐거워했다. 아이가 부엌장의 냄비를 끄집어 내는 통해 속이 상했기 때문에 이번에는 아이와 함께 부엌 바닥에 앉아서 냄비들을 끄집어 내어 뚜껑 맞추기를 했다. 아이는 재미가 있는지 부엌 바닥에서 한참 동안 냄비를 가지고 놀았고, 나는 그동안 내가 할 일을 했다. 냄비가 그대로 바닥에 널려 있도록 내버려두고, 종이가 방바닥 사방에 흩어져 있는 것도 그냥 내버려 두었다. 예전에는 스트레스가 생기던 상황이 마음을 달리하고 나니까 점점 편안해졌다.

사람은 모든 것을 다 잘할 수는 없다. 그것을 여성인 나에게 요구한 사람은 아무도 없다. 다만, 스스로 그러해야 한다는 압박감 때문에 힘들었을 뿐이다. 사람은 어차피 완벽할 수 없기에 부족한 부분이 있기 마련이다. 좋은 아내, 좋은 엄마, 살림 잘하는 주부, 순종하는 며느리, 주변을 잘 돌보는 동네 아줌마, 자신의 일을 잘해내는 커리어 우먼 등 그 모든 역할을 다 잘할 수 있는 사람은 없다.

그러나 일을 하는 엄마들은 그런 콤플렉스가 많은 것을 경험을 통해 잘 알고 있다. 직업이 있으면 그만큼 가정에 많은 시간과 에너지를 들일 수 없는 것이 당연한데, 그것을 당연하게 받아들이지 않으면 스스로 힘들게 된다.

아이들이 아직 어리던 30대에 나는 일을 하고 싶은 생각에 대전 엑스포 박람회의 독일관 통역으로 지원을 했는데, 생각지도 않게 전 통역관 40여 명 중에 최고 책임자가 되었다. 그래서 직책에 따라 최고의 보수를 제안받고, 그 일을 시작했다. 책임을 맡고, 기대를 받은 만큼 잘하고 싶었다. 그 가운데서 아이들을 더 잘 기르고, 살림도 더 잘해야 한다는 생각이 들었다. 그렇지 않으면 괜히 그 일을 한다고 타박 맞으며 차라리 그만두라는 말을 들을 것이 당연했기 때문이다. 그러면 힘들게 얻은 좋은 일을 하기 힘들어지고, 그만 두어야 할지도 몰랐다.

나는 새벽 5시에 일어나서 아침밥을 차리고, 아이들 오후 간식과 옷을 챙기고, 빨래를 정리하고, 청소를 했다. 아이들에게 밥을 먹이고 함께 집을 나서서 한 아이는 유치원에 데려다 주고, 한 아이는 학교에 보냈다. 그리고 나서야 엑스포 행사장으로 향했다. 거의 8시간을 서서 일하고 오후 5시, 또는 회의를 할 때는 오후 7시에 유치원에 가서 아이를 데리고 와서 저녁밥을 하고, 빨래를 하고, 아침 식사 설거지를 했다. 그 후에는 아이들이 잠깐 숙제를 하거나 노는 틈을 타서 다음 날을 위해 저녁 늦게 시장을 다녀와서 아이들 공부를 챙기고, 씻기고, 재웠다. 그리고 다음 날 엑스포에서 해야 할 교육과 스케줄 관리 등에 관련된 준비를 했다. 그러면 밤 1, 2시가 되었고, 그제야 자리에 누울 수 있었다.

그 당시 왜 나는 그렇게 미련하게 모든 것을 내 손으로 하려고 했는지 모르겠다. 아마도 나는 그 모든 것을 해낼 수 있는 슈퍼우먼이라는 것을 보여 주면서 내가 일하는 것에 대해 아무도 뭐라고 말하지 못하게 하고 싶었던 것이 아닌지 모르겠다. 아무튼 지금 생각하면 어차피 내가 일을 하는 기간 동안에는 경제력이 있었기 때문에 누군가에게 집안 일을 맡길 수도 있었을 텐데 미련했구나 하는 생각이 든다.

아무도 나에게 그렇게 하라고 요구하지 않았지만, 사실 엄밀히 따지고 보면 사회가 많은 부분 그것을 조장했다. 사회는 여자는 어떠해야 한다는 관념을 은연중에 불어넣고 교육을 통해 그것을 받아들이게 했다. 사회 활동을 하고 자기 주장이 강한 여자를 옛날 책에서는 좋은 여자로 묘사하지 않았다. 반대로 순종적이고 집에서 살림 잘하는 여자를 나쁜 여자로 묘사하는 것을 보지 못했다. 자신을 그 속에 집어 넣느냐, 그렇지 않느냐 하는 선택은 자신이 하는 것이다.

아무도 당신이 희생하기를 강요하지 않는다

30대 여성들은 자녀들이 어린 경우가 많아서 손길이 많이 가고, 이제 막 익숙해지기 시작한 살림살이로 많이 힘들어 한다. 더욱이 직업이 있는 경우에는 살림살이건, 자녀 양육이건 누군가의 도움을 받지 않고는 해나가기가 버겁다. 그 모든 것을 병행하려고 하니 직장만 다니는 여성에 비해, 또는 살림만 하는 주부에 비해 서툰 것이 당연하다.

30대는 남편들도 역시 한창 일에 뛰어들어 있을 나이이다. 승진도 앞에 두고 있을 때여서 직장에서도 여간 신경이 쓰이지 않는 시기이다. 사랑하는 아내와 아이들에 대한 책임감이 무거워 더욱 일에 매진하지 않으면 안 되는 시기이다. 이제야 자신이 원하는 것을 알았지만, 이미 가정과 자녀라는 책임이 자신을 꼼짝달싹 못하게 하는 것도 느끼는 연령대이다.

30대 여성은 그런 동반자도 챙겨야 하고 토닥거려 주어야 한다. 그리고 자신의 일에 집중할 수 있도록 모든 가정사와 자녀 양육 문제를 자신의 어깨에 짊어지지 않을 수 없다. 때로 남편에게 도움을 받고 싶지만 남편의 일이 잘 되어야 가정이 잘 될 수 있다는 생각을 떨쳐버릴 수 없었다. 자신이 직업생활을 하는 것으로 파트너에게 조금이라도 부담을 주는 경우 파트너의 반응에 대해서도 신경이 쓰이기 마련이다. 그래서 모든 일을 혼자 처리할 뿐 아니라 더 잘, 더 완벽하게 하려고 애를 쓴다. 그러다 보니 자연히 불만으로 스트레스가 쌓여간다.

직장에서 남자 동료들이나 결혼하지 않은 입사 동기들은 승진을 바라보지만, 가정 살림과 자녀 교육을 더불어 해야 하는 여성은 몸이 두 개라도 부족할 정도로 모든 것이 버겁기만 하다. 직장 일을 마치면 허겁지겁 집으로 향해야 하다 보니 세상이 변화하는 추세에 바싹 따라붙지 못하고, 싱글들이 열을 올리고 있는 자기계발은 아예 할 생각조차 못한다. 모든 것을 하고 있으면서도 발전하지 못하는 것 같고, 또 역부족을 느끼는 때이기도 하다.

그러면서 조금씩 불만이 쌓여 가기 시작하고 넋두리가 늘어간다. 그 불만은 항상 자신과 가장 가깝고, 그것을 털어놓기 만만한 상대를 향해서 표현하게 된다. '그 사람이 그렇게 결혼을 빨리 하자고 조르지만 않았어도……', '아이만 없었어도……', '결혼만 하지 않았어도……', '그 사람이 경제력만 더 있었어도……' 등과 같은 생각이 슬슬 들기 시작한다. 일에 대한 성취와 도전에서 뒤로 물러나는 데 대한 저항감과 불만스러움이 더욱더 빳빳하게 고개를 쳐든다. 그러나 앞을 보고, 뒤를 보고, 옆을 보아도 빠져나올 구멍이 없는 듯하다. 그러면 한숨만 쉬면서 '내가 왜 이렇게 희생을 하고 있어야 하나!' 하는 생각이 든다.

그런데 이럴 때 유독 살림살이와 자녀 교육에 온 관심을 집중하기도 한다. 엄마라면 자기 아이가 절대 다른 아이들에게 뒤떨어지는 것을 두고 볼 수 없다. 엄마가 직업생활을 하기 때문에 아이를 등한히 한다는 말을 듣고 싶지 않다. 그러나 그것도 마치 교육 전문가처럼 학교로, 학원으로 뛰어 다니며 온갖 정보에 능한 전업주부와는 게임이 안 된다. 살림도 마찬가지이다. 그래서 역시나 그 부분도 전업주부에게 열등감이 생긴다.

가끔씩 집안 좋고 경제력이 뛰어난 백마 탄 왕자와 같은 남자와 결혼해서 직업생활을 할 필요성조차 못 느끼는 친구를 보면 속이 상하기도 한다. 직장을 다니는 자신은 엄두도 못 내는 명품 가방을 턱 하니 들고, 피부관리가 잘 된 매끄럽고 윤기나는 얼굴로 나타나서 모임의 식사비도 아무런 부담이 없다는 듯 카드로 지불하면서 선심을 쓰는 것을 보면 은근히 부럽기도 하고 부아가 치밀어 오르기도 한다. 그 친구가 자신보다 더 예쁜 것도, 학벌이 더 좋은 것도 아닌데, '여자 팔자 뒤웅박 팔자라더니!' 하는 생각이 든다.

남편 뒷바라지 하고, 아이들을 도맡아 키우고, 살림도 혼자 다 하고, 일을 해서 돈까지 버는데 저렇게 누리지 못하는 자신이 한

심해지기도 한다. 때로 뭔가 잘못되고 있는 것은 아닌지 초조해지고 불안감도 느껴진다. 가족을 위해 자신만 희생당하고 있는 느낌이 든다.

희생이란 대가 없이 자신의 몸이나 재물 등 자신의 귀중한 것을 바치는 것을 말한다. 그런 희생이라면 불만스럽지 말아야 한다. 그런데 불만스러운 것을 어쩌겠는가? 사실 아무도 자신에게 가정을 위해 희생을 하라고 강요하지 않았고, 그 모든 것이 스스로 선택한 것이지만, 자신이 기대했던 대로 되지 않을 때 그에 대한 합리화를 통해서 편안해지려는 심리가 있다. 자신이 마치 가정을 위해 희생되고 있다는 생각을 함으로써 자신의 상황에 대한 불만감을 해소하려는 심리이다. 즉 '누구 때문에'라는 것을 내세우는 심리이다. 자신의 삶에 대한 책임을 다른 사람에게 지워버려야 자신이 편안해질 것이기 때문이다.

불만과 공허함이 어디에서부터 시작되었는지 생각해 보라. 무엇이든 잘해야 한다는 기대를 스스로 하고 있지 않은가? 그런데 실상 자신은 그 무엇도 잘하고 있지 않다는 생각이 들지 않는가? 자신은 다른 사람을 위해 희생하는데 그에 대해서 아무도 알아주지 않는다는 생각이 드는가?

자신의 기대와 주변의 반응이 다르고, 자신의 기대와 실제 자신 사이에 생기는 공간이 바로 공허함으로 자리잡는다. 그 텅 빈 공간은 절대 긍정적인 감정으로 채워지지 않고, 한탄, 불만, 두려움, 외로움, 허전함 등 부정적인 감정으로 자리잡게 된다.

희생당한다고 생각이 들면 자신의 삶을 자신이 주도하고 있지 않다는 증거이다. 자신이 진정 원해서 희생했다면 기쁨과 즐거움과 행복이 따르지 불만과 같은 부정적인 감정이 들지 않는다.

당신은 지금 모든 일들을 어떤 의도에서 하고 있는가? 배우자와 자녀를 사랑하기 때문에 하는가? 살림은 왜 잘 하기를 원하고, 직업에서까지 왜 그렇게 완벽하기를 원하는가? 혹 주변 사람들에게 당신이 모든 것을 잘하고 있다는 것을 보여주고, 인정받고 싶어서인가?

그렇다면 당신은 주관적인 삶을 살지 않고 타인에 의해서 어떤 사람이 되어가고 있다. 누군가에 의해서 만들어지는 당신이 되지 말고, 누군가의 기대에 따라 흔들리지도 말고, 자신이 무엇을 원하는지, 왜 그것을 원하는지, 진정 가정을 위해서 시간과 에너지를 들여 일하고 있는지를 생각하라. 그리고 당신이 진심으로 원하는 것을 하라. 그러면 희생으로 느껴지지 않을 것이다. 바로 당신이 선택한 것이므로 그 어떤 결과에도 스스로 책임을 지게 될 것이다. 그러면 자녀와 가정을 위한 일도 결국 당신 자신을 위한 것임을 알 수 있을 것이다.

사랑의 수고, 그 자체를 즐기라

나도 항공사의 유니폼을 입고, 높은 굽의 구두를 신고, 여행용 가방을 끌고 다니던, 그 누가 봐도 눈부시게 아름답고 잘나가던 때가 있었다. 공항을 내 집 드나들 듯 하면서 콧대를 세우고 다니던 때가 있었다. 내가 갖지 못할 것이 없었고, 가지 못할 곳도 없었던 그런 화려한 싱글이었던 20대 시절이 있었다.

그러던 내가 결혼을 하여 아이를 낳았다. 나 자신조차도 아직 내가 아이라는 의식에서 벗어나지도 않았는데 아이를 낳아 품에 안고 키우면서 그제야 내가 어른이 되어가고 있다는 것을 느꼈다. 그 당시 아이가 아이를 키운다는 말도 듣고, 나이가 좀 어려 보였던 나는 싱글 이모가 조카를 데리고 나온 것이 아니냐는 기분 좋은 오해도 때로 받으면서 은근히 그때를 즐겼다.

아이를 곁에 두지 않은 채 당장 멋지게 차려 입고 집을 나서면 나도 20대 싱글과 별반 다를 바 없다고 착각했다. 그러나 뒤에서 누군가 '아줌마' 하고 부를 때면 '다른 사람을 부르는 것이겠지!' 하는 생각에 뒤돌아 보고는 그것이 나를 칭하는 말이라는 것을 확인하고는 '아, 내가 누가 보아도 아줌마구나!' 라는 생각에 가슴이 철렁 내려 앉았다.

우리 주부들도 싱글 시절에는 맛있는 것은 주저함 없이 수저를 들어 먹고, 마지막 남은 음식 한 조각은 당연히 나의 것인 양 미소를 지으면서 입으로 가져가도 전혀 미안함 없이 당당했다.

그런데 결혼을 한 후로는 식사를 하면서 남편 앞으로 생선을 옮겨 놓고, 살을 발라 아이의 숟가락에 올려주고, 아이가 정말로 먹는지 보며 '아!' 하면서 같이 입을 벌려 먹는 시늉을 한다. 아이가 '엄마는 안 먹어?' 라고 물으면 생선 뼈를 빨아먹으면서 '응, 엄마도 먹잖아. 봐!' 라고 대답한다. '당신도 좀 먹지 그래.' 하는 남편의 말에 '어두일미(魚頭一味)래잖아. 내가 제일 맛있는 것 먹어야지.' 하면서 생선의 머리 부분을 한 토막 잘라서 앞 접시에 올려 놓고, 거기서 겨우 골라낸 살점 한 조각을 아이의 숟가락 위에 올려 놓는다.

그러면서도 남편과 아이가 음식을 맛있게 먹는 것을 보며 흐뭇한 미소를 지으면서 천천히 수저를 움직인다. 아이와 남편이 잘 먹는 음식을 피해 다른 음식에 젓가락의 방향을 튼다. 그렇게 여자는 엄마가 되고, 아내가 되어간다. 그렇게 사랑을 하고, 기쁨을 얻는다.

사랑의 행위에 대한 보상은 기쁨과 행복이다. 사랑의 행위를 하는 순간 우리는 그 보상을 이미 받는다. 기쁨과 행복은 우리가 다른 사람을 위해서 사랑을 베푸는 대가로 하늘이 주는 상이다. 그리고 그 상을 우리는 즐긴다.

아무도 사랑을 강요하지 않는다. 강요한다고 해서 되는 것도 아니다. 사랑은 자신의 내면 속에서 우러나는 본능적인 것이다.

그 사랑의 수고를 기뻐하고, 그 기쁨을 상으로 받아 즐기라. 그러한 존재가 인간이요, 엄마이다.

사랑하는 가족을 위해서 무엇인가를 할 수 있다는 것은 축복이다. 가족이 있다는 것, 내가 돌 볼 사람이 있다는 것, 그것은 바로 나 자신을 위한 것이다. 그들은 바로 나의 기쁨과 행복을 위해 나에게 주어진 선물이다.

때론 나 자신을 위하여 일할 때면, 세상에서 받은 가장 귀한 선물인 가족을 위해 나 자신을 희생하고, 수고해야 하는 것이 아닌가 하는 생각에 양심의 가책이 들기도 한다. 그러나 내가 행복할 때 그들이 행복하고, 내가 만족함을 느낄 때 그들이 만족감을 느끼며, 내가 이 세상에 한 인간으로 하고 싶은 일을 하면서 우뚝 설 때 그들도 자신의 길을 당당하게 갈 것이다.

다시 나의 30대 시절로 돌아가본다. 나는 아직도 깜깜한 겨울날 새벽에 새근새근 잠들어 있는 아이를 이불에서 살짝 끄집어 내어 안고는 깨운다. 준비를 시켜 유아원에 데려다 주기 위해서이다. 나는 학교에 가야 하고, 아르바이트를 할 일정이 잡혀 있었다. 반쯤 잠든 아이에게 옷을 입히고, 얼굴을 씻긴다. 빵을 먹여 보려고 하지만 아직 잠결이어서 입속에서만 우물거릴 뿐 삼키지를 못한다. 유아원에서 간단한 아침 식사가 있기 때문에 그냥 따뜻한 우유만 먹인다.

아이는 미열이 있는 듯, 아직 잠에서 깨어나지 않은 듯, 엄마의 따뜻한 품에서 벗어나는 것이 아쉬운 듯 그날 따라 유아원 문 앞에서 나를 붙들며 운다. 울면서 떼쓰는 아이를 선생님에게 안겨주고는 아이의 울음 소리를 뒤로 하고 학교로 향한다. 마음이 짠하다. 혹시 내가 못된 엄마가 아닌지 양심의 가책을 느낀다. 사람들이 이런 나를 이기적인 엄마로 보지 않을까 하는 생각도 든다.

그때 나는 내가 엄마로서, 사회의 한 사람으로서 굳건하게 서 있는 모습이 아이에게 후일 더 자랑스럽지 않을까 하는 기대를 하면서도 혹 못된 엄마가 아닐까 하는 생각이 들어 애써 지워버리려고 했다. 다행히도 지금 성인이 된 아이는 엄마를 자랑스러워 하고 있다. 자신을 그렇게 키우면서 당당한 모습으로 서 있는 엄마를 자랑스러워 한다. 그리고 어버이날 나에게 이런 이메일을 보내기도 한다.

"오늘은 어버이 주일이었어요. 내가 시간이 지날수 록 깨닫는 건 엄마는 하나님이 나에게 주신 선물이라는 거예요. 엄마가 있어서 정말 감사하고 행복해요. 엄마를 통해 하나님의 사랑을 깨닫게 하시는 하나님을 찬양해요."

a successful woman 마거릿 대처

'해가 지지 않는 나라' 영국의 자존심을 되찾게 해 주고, 대처리즘, 영국 병 등 많은 유행어를 만들어낸 영국 최초의 여성 수상이었던 마거릿 대처는 1925년 영국 중부 지방에서 잡화상의 둘째 딸로 태어났다.

그녀의 강력한 리더십은 자수성가한 사람의 전형이었던 아버지 알프레드 로버츠의 영향이었다고 한다. 기독교인이었던 가족은 일요일에는 꼭 가게 문을 닫고, 교회에서 예배를 드리는 등 엄숙하고 경건한 신앙생활을 했다. 그런 신앙적 분위기 속에서 그녀는 근면, 성실, 자립, 자조 등의 윤리 의식을 배웠다.

10살 정도 되었을 때부터 시의회에 진출하기 위해 선거운동을 하는 아버지 곁에서 정치 참여에 대한 경험을 쌓았다. 그리 사교적이 아니어서 친구가 적었고, 동급생들에게 '야심가'라는 말을 들으며 따돌림을 당하기도 했다. 그런 그녀에게 아버지는 '따돌림을 받을까 봐 두려워서 집단에 맹목적으로 따라가서는 안 된다. 네가 할 일은 스스로 결정해야 한다.'는 조언을 해 주었다. 그녀는 특별히 공부를 잘하는 학생은 아니었으나 노력과 성실로 옥스퍼드 대학교를 졸업했다. 졸업 후 1950년과 1951년에 연달아 의회에 출마했지만 낙선했다. 가장 젊은 여성 후보로서 명성을 갖고 있던 그녀는 급기야 1959년에 영국 보수당 하원의원에 당선되었고, 그 이후 30년 이상 국회의원으로 활동했다. 강력한 지도력으로 2년 이내에 내각의 젊은 지도자가 되기도 했다.

1979년 대처가 '파업으로부터 국가 경제를 구하겠다.'고 호언장담하며 수상의 자리에 올라 정권을 거머쥐던 당시 영국 경제는 한 마디로 비참함 그 자체였다. 나날이 늘어나는 재정 적자와 끊이지 않는 노사 분규로 영국 경제는 영국 병이라는 말이 유행어처럼 떠돌고 있었을 정도였다. 대처 총리의 가장 큰 업적은 영국 병의 근원이었던 노사 분규를 강력한 지도력으로 평정시킨 데 있다.

그녀의 또 다른 업적은 영국의 경제 부흥 정책이다. 그녀는 기업의 활동 폭을 확대시켰고, 국영화되어 있던 사업들을 민영화했다. 그리고 강력한 리더십과 외교 정책으로 세계적인 지도자로 떠올랐다. 미국의 레이건 대통령과 함께 자유 민주주의의 승리를 가져온 뉴라이트 기치를 내걸고서 소련 공산주의와 정면으로 대결했고, 그 결과 러시아와 동유럽의 공산주의를 무너뜨리는 데 강력한 영향력을 행사했다.

수상이 된 후에는 하루에 19시간씩 일하는 열정을 보였고, 가족과 시간을 보내는 것 외에는 자신의 전 시간을 정치를 위해 할애했다. 그녀는 현재 닥친 작은 일들보다 장기적인 안목으로 일을 추진하는 강한 사람이었다. 대처는 수상으로 있으면서도 오전 6시 30분이면 일과를 시작하여 남편의 아침 식사를 손수 차리는 소박하고 검소한 보통의 주부이기도 했다. 또한 수상 관저에 일하는 직원을 두지 않고 집안 일을 스스로 하는 부지런한 여성이었다. '철의 여인'이라고 이름이 붙여진 이미지와는 달리 자상하고 부드러운 영국의 보통 어머니와 같은 여인이었다.

공과 사를 철저하게 구분할 줄 아는 그녀는 자신에게 엄격한 것으로 유명했다. 정치를 시작하면서부터 모든 서류를 철저히 검토한 후 다른 사람에게 말하는 철저한 성격의 소유자였다. 스스로 솔선수범하는 것을 중요하게 생각했던 대처 수상은 국민에게 근검절약을 외치면서 자신도 본을 보이며 다른 각료들과 같은 액수의 봉급만 받는 외고집통으로도 유명했다.

세 번에 걸쳐 수상을 지낸 '철의 여인' 대처는 성장 위주의 경제 정책으로 인플레이션이 발생하고, 미국 위주의 외교 정책 등으로 영국에 불리한 현상들이 나타나자 시대의 흐름에 따라 수상의 자리에서 물러났다. 국가가 도움을 필요로 할 때 강력한 리더십을 발휘했고, 자신이 있어야 할 때와 자신이 떠나야 할 때를 안 대처 수상은 영국과 세계사에 하나의 큰 획을 그은 여성이다. 영국을 사랑했고, 영국 사람을 사랑했기에 그 어떤 어려움 속에서도 굳건하게 그 자리까지 이르렀고, 자신이 해야 할 일을 한 그녀는 진정한 행복을 맛보았을 것이다.

CHAPTER *05*

여자 30대, 아무도 당신에게
일에 대한 선택을 강요하지 않는다
스스로 자신의 일을 만들어라

항상 미래를 위해서 준비하고,
세상의 변화에 눈을 똑바로 뜨고 바라보고,
최소한 함께 흘러가라.
그러면 세월이 지나 당신이 나설 수 있는 그때,
이 세상에서 자신의 몫을 당당히 할 수 있을 것이다.
그때를 생각하면서 회심의 미소를 짓고, 지금 준비운동을 하고 있으라.

직업에 대한 고정관념을 깨뜨려라　　　나에게는 독일에서 여러 해를 사귄 독일 여자 친구가 있다. 그 친구는 영어와 독일어 번역을 하고, 서적을 편집하며, 대필을 하고 있다. 그녀가 프랑스 남부의 지중해 연안으로 3주간 휴가를 떠난다고 하기에 나는 그곳에서 일도 하고 휴가도 즐기면 참 좋겠다고 말했다. 만약에 내가 3주간 조용한 바닷가에서 보낸다면 당연히 그렇게 할 것이기 때문이었다. 나는 휴가도 즐기고, 자연 속에서 책도 쓴다면 일석이조라고 생각했다. 아무것도 하지 않고 무조건 놀기만 하는 것이 나에게는 재미가 없기 때문이었다.

그런 말을 하는 나에게 그 친구는 깜짝 놀라는 듯 대답했다.

"내가 왜 그 좋은 곳으로 그 지겨운 일을 가지고 가겠어? 난 드디어 일을 멀리 떠나서 내 시간을 즐기는 거야. 생각만 해도 즐거워. 드디어 나는 일을 떠난단 말이야."

여러 해를 독일에서 지내면서 독일 사람들의 생활방식 중 마음에 들지 않는 것이 있다면 근무 시간과 자유 시간을 완전히 구분 지으면서 사는 것이었다. 그들은 마치 휴가 기간에 자신이 원하는 곳으로 떠나기 위해서 일하는 사람들 같았다. 휴가를 맞이하는 대부분의 독일 사람들은 '드디어 일을 떠나는구나!' 라며 안도의 숨을 쉬면서 일을 떠나는 것을 무척이나 기뻐했다.

물론 자신이 하는 일을 좋아하건, 좋아하지 않건 수개월 동안

쉼 없이 일을 한 후 그 일에서 벗어나 휴가를 떠난다는 것은 자신을 재충전한다는 의미가 있다. 그 일이 어떠한 것이건 간에 독일에는 '일은 스트레스를 주는 것'이라고 생각하는 사람이 대부분인 것 같았다. 일이 스트레스를 주는 것이라고 단정짓는 사람들은 일을 떠나는 것이 정말로 기쁠 것이다.

그런가 하면 소수의 사람들은 구태여 휴가를 떠날 필요를 느끼지 못한다. 휴가를 떠나면서 일에서 해방되어 행복해 하는 사람은 휴가를 가지 않고 계속 일하는 사람을 이해하지 못한다. 그들은 어떻게 그 지겨운 일을 쉬지 않고 할 수 있느냐는 의문을 가진다. 그러나 정말로 일이 좋아서 휴가를 떠나는 것보다 일을 통해 재충전하는 사람도 있다.

나와 비슷한 분야에서 일하는 한 친구는 해외여행을 그리 달가워하지 않는다. 물론 가족끼리 떠나는 반은 의무적인 여행을 가기는 한다. 그러나 일을 떠나서 뭔가 자유로운 시간을 즐기기 위해서는 여행을 떠나지 않는다. 왜냐하면 일은 자신에게 큰 활력을 주기 때문이다.

그 친구는 일을 할 때가 가장 즐겁고, 활기차다고 한다. 며칠간 일을 하지 않고 집에 있을 때 보통 사람 같으면 그 시간이 달콤하게 느껴질 것이다. 그러나 그 친구는 일을 하지 않으면 여기저기가 아파오기 시작하고, 힘이 없고, 우울해진다고 한다. 그러다가 일을 하면 어디서 솟아나는지 에너지가 넘쳐서 과히 주변 사람들을 깜짝 놀라게 할 정도이다.

나도 그런 점에 있어서는 마찬가지이다. 내가 일 년에 한두 달씩 두 차례에 걸쳐서 독일에 다녀오는 것은 여행을 가거나 휴가를 즐기기 위해서가 아니다. 엄밀히 말해서 책을 구상하고 쓰려고 가는 것이다. 만약 독일에 가서 일을 하지 않는다면 사실 그곳에 가는 의미가 없을 것이고, 일을 하지 않고 여행만 다닌다면 나는 그곳에 가는 것이 별로 달갑지 않을지도 모른다. 산책을 하면서 구상을 하고, 새로운 경험을 하면서 아이디어를 얻고, 모두가 잠들고 까만 하늘에 별들이 떠 있는 밤에 나의 책을 읽을 한국의 독자들을 생각하면서 자판을 두드린다. 그 일은 나에게 일이자 취미이자 휴식이다. 내가 좋아서 하는 것이기 때문이다.

일을 단지 생활비와 휴가비를 마련하기 위한 것이라고 생각하는 사람은 기회만 있으면 일에서 벗어나려고 노력할 것이다. 그러나 일이 단지 돈을 벌기 위한 것뿐 아니라, 좋아서 하는 것이라면 구태여 애써서 벗어날 이유가 없다. 그 일을 하는 자체가 즐겁기 때문일 것이다.

이 말에 대해 누군가는 '나도 당신처럼 경제적 여력이 있고 좋아하는 일이 있다면 당연히 그렇게 생각하겠다! 그러나 그렇지 않은 사람은 어쩌라고 그런 말을 하느냐?' 며 이의를 제기할 수도 있다. 그러나 나는 경제적 여력에 있어서 내가 하고 싶은 일을 마음대로 하는 것은 아니다. 수입만 따진다면 나는 책을 쓰지 않고도 돈을 벌 수 있는 다른 방도들이 있다. 그러나 그 일보다 책을 쓰는 것이 더 좋고, 돈을 더 많이 버는 다른 일보다 더 즐겁기 때문에 나는 책을 쓴다.

사람들은 자신이 좋아하는 일을 가장 잘한다. 왜냐하면 좋아하는 일은 어떠한 보상이나 피드백과 상관없이 자주 하게 되고, 관심이 있다 보니 거기에 대한 정보도 많이 얻을 수 있기 때문이다. 그래서 그 일에 대한 능력이 쌓이게 되면서 잘하게 된다. 그러면 외적으로 긍정적인 피드백을 받게 되고, 그 피드백으로 자부심이 생기게 된다. 그래서 자신이 하는 일을 더욱 사랑하게 되고, 즐거운 마음으로 잘하게 된다. 그래서 결국에는 그 일로 성공하게 된다.

그러나 돈을 벌기 위해서 직업생활을 하는 경우가 현실적으로 많은데, 이런 경우 일에 대한 성취감이 없고, 자기 계발과 점점 멀어지는 듯한 느낌이 들게 된다. 또한 자신이 하는 일에 대한 자부심이 줄어들고, 자존감도 상실된다. 일이 잘 될 리 만무하고, 성공은 거리가 멀고, 겨우겨우 마지 못해서 하게 된다. 마지 못해 하는 일이 인정을 받을 리 없다. 그러면 이직을 하고 싶어지고, 삶 전체가 방황하게 된다.

돈을 벌기 위한 목적으로만 직업을 갖는 것은 돈의 노예가 되는 길로 가는 것과 같다. 나는 자신의 생활과 직업을 떼어놓지 말아야 한다고 생각한다. 생활이 직업이고, 직업이 생활이어야 한다고 생각한다. 그러기 위해서는 즐기면서 할 수 있는 일을 찾아야 한다. 이런 말을 들으면 사치스러운 소리라고 말할 사람이 많을 것이다. 그러나 우선 나에게 경제적으로 큰 보상이 없다고 해도 내가 즐기면서 할 수 있는 일을 하면 일을 즐기는 그 자체가 보상이 된다. 분명히 자신이 즐기면서 하는 일은 잘 하게 되고, 성공하게 된다는 것을 나는 보장한다.

그래서 일 따로 생활 따로라는 생각을 버려야 한다. 일을 생활을 돕는 수단이라고 생각하지 말고, 일이 바로 삶이라고 생각하는 변화가 필요하다.

직업은 당신이 살아있음을 알려줄 것이다

아침에 일어나 아이들이 유치원으로, 학교로 가고 난 후 청소와 빨래를 하고 잠깐 시간을 내어 창 밖을 보면 동네 아줌마들이 짝을 지어 어디론가 가는 모습이 보였다. 차림새로 보아 산으로 향하거나, 에어로빅이나 수영을 가거나, 모임이나 시장을 가는 듯 했다. 나도 그런 생활만으로 살아 있음의 기쁨과 행복을 느낄 수 있으면 얼마나 좋을까 하고 생각했다.

그러나 타의 반, 자의 반 나는 한동안 전업주부로 살았고, 나의 삶은 어쩐지 팥소가 빠진 찐빵과도 같이 뭔가 꽉 찬 느낌 없이 한 구석이 비어 있었다. 세상은 넓고 큰데, 나는 집 안에 갇혀 있는 듯했다. 존재감은 점점 상실되어 가고, 스스로 점점 작은 사람이 되어 가고, 사회적으로도 격리되어 있는 것 같은 외로움이 물밀 듯 밀려왔다.

나도 누군가가 일만 시켜주면 혼신을 다해 잘할 텐데 하는 생각을 했다. 어떤 때는 붕어빵을 구워서 파느라 땀 흘리며 분주하게 손을 움직이는 동네 붕어빵 아줌마가 부러웠다. 어떤 연유에서 일을 하든, 자신이 그 일을 좋아하든, 그렇지 않든 간에 그 사람은 일이 있었기 때문이다. 자신이 한 일에 대한 보상을 받고, 크든 작든 이 사회에서 역할을 하고 있었기 때문이다.

앞에서 잠시 말했지만 어느 기회를 통해서 드디어 나에게도 일이 생겼다. 독일에 있는 국제 출판 에이전시의 한국 에이전트를 맡게 된 것이다. 보수는 없었다. 나를 통해 출판 저작권 계약이 이루어질 경우 거기에 대한 몇 퍼센트의 대가를 받을 뿐이었다. 그 일을 받아들일지 여부를 결정하기 전에 나는 그 일에 대한 보상보다 가치를 먼저 생각해 보았다.

국제적으로 1년에 출간되는 기독교 서적 5,000여 권 중에서 한국에 맞는 서적을 한국 출판사에 소개하고, 저작 상담을 하고, 저작 계약을 돕는 것은 좋은 책을 한국 사람들이 읽도록 소개하는 것이어서 우선 가치가 있었다. 그 가치 있는 일에 대해 내가 중개역을 한다는 것도 의미가 있고, 그것을 통해 나는 일을 하고, 후일 보상도 받는다. 그 일의 가치를 생각하니 그 일을 하지 않을 이유가 없었다.

나는 아이들을 양육하고, 가정 일을 하면서 집에서 일을 했다. 집이 바로 나의 사무실이었다. 팩스, 이메일, 전화, 편지를 독일, 미국, 한국으로 주고 받으면서 일하는 동안 바로 내가 이 지구의 중심과도 같은 느낌이 들었다. 그리고 내가 이 세상에서 그 기능을 하는 것에 한 몫을 하고 있어서 감사했다. 그것은 나로 하여금 살아 있다는 것을 느끼게 해 주었다.

예전에 직업생활을 했던 나로서는 가정 일과 자녀 양육만으로는 자신에 대한 성취감이 없었다. 아이들이 조금씩 나의 손을 벗어나기 시작하면서부터는 더더욱 그랬다. 생각하던 끝에 신문 광고를 보고 몇몇 번역회사에 전화를 했다. 첫 번째 번역물은 A4 용지 20장 정도에 독일어를 한국어로 번역하는 것이었다. 번역본을 발송했더니 얼마 후 번역비가 입금되었다.

번역회사에서 번역 의뢰인에게 주는 번역비의 1/6을 받았으니까 그 액수는 상상할 만할 것이다. 내가 가진 번역이라는 능력을 발휘해서 받는 첫 보상이었다. 그런데 난 그 액수에 상관없이 내가 한 일에 대해 사회가 보상을 해 준다는 것과 내가 하는 일이 사회가 필요로 한다는 그 자체, 쓰임을 받는다는 그 자체로 성취감을 느꼈다. 그리고 전업주부의 일에서 느낄 수 없었던 살아있다는 느낌을 강하게 받았다.

친구 중 한 명은 누가 보아도 조건이 좋은 킹카 같은 남자를 만났다. 부잣집 아들과 결혼하여 행복한 생활을 한다고 소문이 나 있었고, 모두가 부러워했다. 그 친구는 부족한 것이 없었다. 30대에 이미 강남에서 최고가의 아파트에 살면서 바닷가가 시원하게 보이는 산 중턱에 별장을 갖고 있었다. 일 년에 두세 번 해외여행을 다녀오고, 머리 끝부터 발끝까지 명품을 걸치고 있었다. 이제 50대가 되어 자녀들은 모두 미국 유학 중에 있다.

그 친구를 거의 10년 만에 만났는데, 피부 관리로 그 나이에 얼굴이 30대 같이 고왔고, 완벽한 화장과 헤어 스타일을 하고 있었다. 여전히 고가의 명품 옷을 입고, 명품 가방을 들고 있었다. 그런데 어쩐지 눈 속에는 우수가 깃들여 있었다.

그 친구는 우울증을 앓고 있었다. 지금까지는 모든 것을 누리면서 자녀들을 위해서 자신의 삶을 걸었다고 했다. 그런데 이제 자녀들이 더 이상 자신이 필요 없어진 지금 자신이 무엇을 위해서 살며, 왜 살아가야 하는지를 모르겠다고 했다. 사는 것이 아무런 의미가 없고, 아무것도 하고 싶지 않고, 사람을 만나고 싶지도 않다고 했다.

그 친구는 자신이 세상에서 아무 짝에도 쓸모가 없는 것 같아서 여러 가지를 배우러 다녔다. 그러나 여전히 세상의 뒤안길에 밀려나는 것 같고, 성취감이 없는 것은 마찬가지라고 했다. Abraham Maslow(에이브러햄 매슬로)에 의하면 인간에게는 타고난 다섯 단계의 욕구가 있다고 한다. 그것은 하위 단계에서 상위 단계를 향해서 층을 이루는데, 하위 단계의 욕구가 충족되어야 그 다음 단계의 욕구가 발생한다고 한다. 맨 하위 단계는 생리적 욕구로서 먹고, 마시고, 잠자는 등의 기본적인 욕구이다. 이 욕구가 충족되면 두 번째 단계인 자신의 환경 내에서 안전을 보장받고 싶어하는 욕구가 생긴다. 이 안전 욕구가 충족되면 세 번째 단계인 사랑받고, 사랑하고, 소속감을 느끼려 하는 애정과 소속의 욕구가 생긴다. 그 욕구가 어느 정도 채워지면 네 번째 단계로서 성취감을 느끼고 존중받고 싶은 자기 존중의 욕구가 생긴다. 이 욕구가 채워지면 마지막 최종 단계로서 자기 실현의 욕구가 생기게 된다는 것이다.

자신이 쓸모가 없다는 느낌이 드는 것은 세 번째 단계까지는 충족이 되는데, 네 번째 단계인 자기 존중의 욕구가 채워지지 않고 있기 때문이다. 성취감은 자기 존중의 욕구 충족으로 이어진다. 그것이 바로 살아 있음을 느끼게 하고, 삶의 희열을 주게 한다.

그러므로 사람은 자신의 성취 욕구를 만족시켜주는 일을 찾아야 한다. 30대에 그 일을 본격적으로 할 수 없는 상황이라면 언젠가 그 일을 할 준비를 해야 한다. 준비를 하는 것만 해도 그 욕구가 많은 부분 채워질 수 있다. 그 욕구를 간접적으로 만족시킬 가능성이 있기 때문이다.

직업을 가질 필요가 없든지, 가질 수 없는 상황이라면 봉사활동을 하라. 자신이 좋아하고 할 수 있는 일 중에서도 봉사할 거리는 얼마든지 있다. 가정 일을 떠난 사회봉사는 성취감과 살아 있다는 느낌을 불어넣어 준다. 그 느낌은 가정 일도 이전보다 더 보람되고 행복하게 해 준다.

어떤 일이든 하라. 종일 하는 일만 일이 아니다. 시간제 일도 좋고, 어떤 것이건 자신을 뽑아낼 수 있는 일을 찾아서 하라. 돈을 많이 받는 것도 성취감을 높여 주지만, 그렇지 않다고 해도 괜찮다. 일을 하면서 얻는 성취감, 살아있다는 느낌으로도 그 가치는 충분할 수 있다. 가장 좋은 것은 자신이 정말로 하고 싶은 일을 하는 것이다. 그러면 일을 일이 아니라 취미처럼 재미있게 할 수 있다. 그런 일은 자주 하게 되고, 잘하고 되고, 성공하게 된다. 그리고 강한 성취감을 얻게 된다.

직업, 이제는 머무르지 않는다   내가 30대이던 시절에는 60세면 이제 남은 생을 준비하는 시간이라고 생각했다. 즉, 30세면 절반 정도 생을 살았고, 이제 마지막 반생을 향해간다고 생각했다. 50세가 된 지금 80세이신 어머니가 100세를 바라보고, 주변 노인들이 병이 없으면 90세를 훨씬 뛰어넘어 살아계시는 것을 보면서 아마도 내 또래는 100세는 족히 바라보지 않을까 생각한다. 그렇다면 현재 30대는 120세를 바라보게 될 것이다. 오래 살고 싶어 욕심을 부리는 것이 아니라, 세월이 변하고 있다. 예전에는 50세면 이제 인생을 마무리해야 하는 시기라고 생각했는데, 나는 50세에 새로운 일을 시작했다. 앞으로 삶에 비전을 갖고 계획하면서 활발하게 새로운 사회생활을 시작했다.

그렇게 본다면 50대인 나는 아직 생의 절반 정도밖에 살지 않았고, 지금 내 나이를 60~70세까지 살던 때로 계산하면 나는 30세도 채 되지 않았다. 당신이 30대여서 120세의 수명을 생각한다면 평균 수명이 60세이던 때로 현재 나이를 계산하면 이제 겨우 15세이다. 30대인 당신의 세대는 100세가 평균 수명이라고 한다면 나머지 70년을 어떻게 살겠는가? 그 오랜 세월을 살면서 가정에만 머무르겠는가? 또는 한 가지 직업만을 갖고 살 것인가? 이제는 30대에 할 일이 있고, 40~50대에 할 일이, 또 60~70대에 할 일이 있다. 그리고 그 사이에 세월이 변하면서 필요한 직업의 종류도 변하게 될 것이다.

나는 얼마 전까지만 해도 한 우물을 파지 않고 여러 가지 일을 하며 직업을 바꾸었던 것을 후회한 적이 있다. 한 우물을 팠더라면 그 분야에서 누구도 따라올 수 없는 유능한 전문가가 되었을 텐데 하고 아쉬워했다. 그러나 돌이켜 지금의 장수 시대를 생각해 보면 그렇게 하지 않은 것이 다행이라는 생각을 한다. 먼저 어차피 나에게 한 우물을 파게끔 사회가 가만 내버려 두지 않았을 것이기 때문이다. 남성들도 40대에 다니던 직장에서 이런저런 사유로 떠나는 지금, 결혼을 하여 가정과 자녀가 있는 여성인 내가 직장에 살아남았을지 보장할 수 없기 때문이다.

두 번째로 내가 한 우물을 팠더라면 다른 다양한 부분에 대한 공부나 경험을 하지 못했을 것이다. 그 결과 지금의 역량을 발휘하지 못하고 있을 것이다. 나는 독일에서 오랫동안 공부를 했으니, 독일어 강의, 번역이나 통역, 한국과 독일의 비즈니스 컨설팅을 해도 된다. 지금처럼 책을 출간하고, 칼럼을 쓰는 등의 일을 계속할 수도 있다. 책을 출간하느라 여러 테마에 대해 정리하였으니 강연을 할 수도 있다. 게다가 항공기 승무원이었으니 모든 직업에서 긍정적으로 인정을 받고 있다.

또한 사회 복지사 1급 자격증이 있으니 그 방면으로 진출해도 된다. 요즘 뜨고 있고 앞으로 많은 인원이 필요한 직종이니 말이다. 금융기관에 근무한 적도 있으니 증권이 뜨고 있는 시대에 그쪽으로도 공부한다면 그 방면으로 진출하는 것도 전혀 불가능하지 않을 것이다. 아르바이트로 관광 가이드로서 경험도 많이 했으니 원하기만 하면 관광업계에도 발을 들여놓을 수 있다. 예전에는 한 우물을 파지 않은 것을 후회했는데, 세월이 변하면서 이렇게 후회할 것이 없는 것으로 변해가고 있다.

지금 당신이 정말로 자녀가 어려서 그들을 돌보아야 하고, 가정을 돌보고, 시댁을 돌보기 때문에 일을 할 수 없다고 하자. 그렇다면 열심히 그 일을 하라. 10년 동안 가정과 양육에 투자한다고 생각하면 된다. 그 일을 해야 할 때는 그 일을 하는 것이 최선이다. 앞으로 60~70년의 삶이 남아있는데 10년은 아무것도 아니다. 10년간 열심히 가정과 양육에 집중하면서 그 이후에 하게 될 직업생활을 대비하여 계획을 세우면 된다.

그러나 10년을 가정과 양육에 투자하면서 아무런 준비 없이 있어서는 안 된다. 노후도 생각하고, 경제력도 생각하고, 자신에게 성취감을 주고 자기 실현을 해 줄 일도 시작할 준비를 해야 한다.

항상 미래를 위해서 준비하고, 세상의 변화에 눈을 똑바로 뜨고 바라보고, 최소한 함께 흘러가라. 그러면 세월이 지나 당신이 나설 수 있는 그때, 이 세상에서 자신의 몫을 당당히 할 수 있을 것이다. 그때를 생각하면서 회심의 미소를 짓고, 지금 준비운동을 하고 있으라.

세상도 변하고 뜨는 직업도 달라진다. 그러므로 사회가 필요로 하는 직업이 어떻게 바뀌고 있는지를 보는 눈이 필요하다. 당신이 결혼을 하고 가정에 머물러 있어도 그 변화의 흐름은 놓치지 말도록 하라. 아직은 사회적 변화의 중심에서 능동적인 삶을 살지 못한다고 해도 적어도 그 변화에 저항하지 말고 그 변화를 따라 가라. 예를 들면, 아날로그 시대에 머무르지 않고 디지털 시대로 함께 가는 것이다. 공연히 디지털이 싫다고 하면서 회피하지 말라. 그래야 디지털 시대에서 그 다음 시대로 변할 때도 그 흐름에 쉽게 흘러갈 수 있을 것이다. 그리고 자녀가 어느 정도 자라고 당신이 사회 활동을 해야 할 때 쉽게 출발할 수 있을 것이다. 넋 놓고 있다가 때가 되면 배워서 하면 될 것이라는 안일한 생각을 하면 자신감도 없어지고, 그만큼 시작도 더뎌진다. 그러다가 영영 뒤안길에 머물러 있게 될 수도 있다.

당신이 직업을 갖고 있는 상태라면 그것을 계속 갖고 있지 못할 수도 있다는 점을 염두에 두라. 그리고 세상의 흐름을 바로 직시하고, 그 흐름에 따라 일할 준비를 하라. 조금씩 따라가기만 해도 때가 되어 당신이 지금의 일을 떠나 다른 일을 해야 할 때 잘 시작할 수 있을 것이다. 지금 하고 있는 일을 언제까지나 계속 할 수 있다고 생각하다가는 언젠가 그 일이 더 이상 필요 없을 때 거리로 내쫓길지도 모른다.

많은 직장인들이 30대 이후에 언제든지 자신이 실업자가 될 가능성이 있다고 생각하고, 불확실한 미래에 대해서 걱정은 하지만 대비책이 없는 사람이 태반이다. 반면, 대비책은 없지만 그때를 준비하며 공부하고 있는 사람 또한 많다.

세상의 변화를 걱정만 하지 말고 대처할 준비를 할 필요가 있다. 현재 상태에만 급급해 있지 않고, 자신이 원하는 것이 무엇인지를 알아서 꾸준하게 자기 계발을 하고, 자신의 일에 대한 전문성을 길러서 경쟁력을 키워야 한다. 젊었을 때 배가 고픈 것은 견디기 쉬워도 늙어서 배가 고픈 것은 몇 배로 힘이 들고 보기에도 딱하다. 그것은 바로 지금 당신의 선택에 달려 있다.

a successful woman

베라 왕

베라 왕의 드레스는 이름을 대면 누구나 알만한 세계적으로 유명한 연예인이나 국내 연예인들이 입는다. 베라 왕은 세계적으로 가장 유명한 웨딩 드레스 디자이너로 명성을 떨치고 있다. 그녀는 드레스 외에도 명품 의상과 향수와 도자기 분야까지 그 범위를 확장해 나가고 있다. 성업 중인 사업으로 다양한 고객의 다양한 요청으로 당장 처리해야 할 일이 없는 순간이 단 1분도 없다고 할 정도로 잘 나가는 여성 디자이너이다.

세계적으로 가장 성공한 여성 중 한 사람인 베라 왕은 지나간 실패에 대해 항상 생각하면서 자신이 그 자리에 오르게 된 것은 자신이 경험했던 실패 덕분이었다고 말한다. 삶 가운데 여러 번의 실패를 딛고 일어난 베라 왕은 그간 수많은 변신을 거듭했다. 10대 시절 올림픽 피겨 스케이팅 유망주였지만, 결국 경기에 출전하지 못한 것을 삶에서 가장 실망스런 순간이었다고 한다. 그러나 스케이트를 포기한 후에도 삶은 계속 된다는 것을 깨닫고, 다시금 일어나 새로운 삶을 시작하기 위해서 자신의 일을 찾았다.

『보그』지에서 일했고, 38살이 되어서야 자신이 꿈꾸어 왔던 디자이너가 되기로 결심했다. 그런 결심으로 그 나이에 랄프 로렌에 직접 찾아가서 맞닥뜨린 결과 그곳에서 디자이너 자리를 얻기도 했다.

40살이 되어서야 결혼을 한 베라는 자녀를 갖기 위해 애를 썼지만 불임이어서 두 여자 아이를 자신의 딸로 입양했다. 그녀는 웨딩 드레스 사업 시작과 입양이 함께 맞물려서 인생의 크나큰 두 가지 변화에 균형을 맞추는 것이 무척이나 힘들었다고 한다. 작게 시작한 사업과 브랜드가 폭발적으로 성장하면서 육아와 사업은 그녀를 압도했다. 힘든 길이었지만 엄마의 역할을 하면서도 작품 사진을 촬영하고, 유명인들의 의상을 가봉하고, 패션쇼를 열고, 강의와 회의, 영화 출연 등 발전에 발전을 거듭했다. 두 딸을 키우면서 사업을 성장시키는 일은 베라에게 커다란 모험이었지만, 패션계에서의 일은 직업이 아니라 삶 그 자체였다고 한다.

그녀는 사업에 신경을 써야 했기 때문에 자녀들에게 전념하고, 자녀들을 위해서 120% 전념하는 엄마들과 경쟁할 수 없다고 생각했다. 또한 아이들을 위해 케이크를 잘 굽고, 학교 소풍을 위해 멋진 점심을 준비하고, 학교를 위한 자원봉사 스케줄을 꿰고 있으며, 아이들의 학교 생활에 대해 잘 알고 있는 올림픽 맘이라고 부르는 엄마들과는 경쟁을 할 수 없다고 생각했다. 그것은 그들의 직업일 뿐이며, 자신은 일하는 엄마로서 자녀들의 길을 밝혀 주고 있다고 확신했다.

　그녀는 몹시 바쁜 가운데서도 자녀들이 마음 한 가운데 자리잡고 있고, 자녀들과 많은 시간을 보내지 못해서 걱정스럽다고 한다. 그러나 딸들이 자신감과 독립심을 갖고 긍정적으로 살아가는 것을 보면서 사업에 대한 자신의 결정이 옳았다는 데 대한 자부심을 느낀다고 한다. 사업에 성공했으므로, 보통의 전업주부들처럼 가정은 잘 이루었을지 몰라도 무엇인가를 성취하지 못한 것에 대해 절망하지도 않고, 두 딸이 있으므로, 자녀가 없는 커리어 우먼들처럼 가정을 이루는 데 실패했다고 생각하지도 않는다. 그래서 자신은 완전한 삶을 살고 있다는 느낌이 든다고 한다.

　자신이 바라는 성공이 은쟁반에 받쳐져 주어지면 얼마나 좋으랴. 그러나 자신이 원하는 성공을 이루고, 다른 사람에게 영향력을 주는 사람들의 삶을 보라. 그 성공으로 통하는 문은 온갖 탐나는 보석으로 빛나는 것이 아니다. 실패의 문을 통과하고, 힘겨움의 문을 통과하고, 편안하고자 하는 욕구의 문을 통과한 후에 나타난 문이다. 뚫어야 하는 문을 과감하게 열어젖히고 나갔을 때 그 끝에 성취라는 행복감과 성공과 인정과 충만함이 자리잡고 있다. 성공하는 사람들은 뚫어야 할 문을 성공의 문으로 보고 용감하게 그 속으로 들어가고, 실패하는 사람들은 그 문 앞에서 주저앉아버리는 차이가 있다.

CHAPTER 06

여자 30대, 아무도 당신에게
고마움을 표하지 않을 것이다
그러나 당신은 또 하나의 세상을 만들어 가고 있다

자녀가 태어나는 것을 보는 기쁨과 감사,
자녀를 통해 느끼는 사랑으로 우리는 모든 것을 이미 받았다.
그 이상은 덤으로 받는 선물이라 생각하고 자녀를 양육해야 한다.
아무도 알아주지 않아도 상관없다.
이미 모든 보상을 받았기 때문이다.

사람이 세상에 태어나 꼭 해야 할 한 가지

독일에서 내가 세들어 살던 주인집 정원에 잠깐 일이 있어서 들어서 보니 그곳은 마치 놀이방이나 유아원 같은 분위기였다. 두 여자 아이는 뛰어 놀고 있었고, 좀 더 어린 두 여자 아이는 유모차에 누워 있었다. 거기에다 주인집 할머니의 어린 손녀 2명이 합세해서 놀고 있었다. 할머니는 바로 이웃하고 있는 집의 부인이 딸을 출산했기 때문에 그 집의 네 딸을 몇 시간 맡았다고 하면서 즐거워서 어쩔 줄을 모르는 표정이었다. 아기들의 기저귀를 갈고 우유와 물을 젖병에 넣어 먹여주고, 다른 아이들의 식사를 준비하면서도 얼굴에 환한 기쁨의 빛을 잃지 않고 있는 할머니가 존경스러웠다.

얼마 지나지 않아 5명의 딸을 가진 이웃 부인과 마주쳤다. 30대 후반인 그 부인은 정원에서 뛰어놀고, 자신의 품에 안겨 있고, 유모차에 누워있는 아이들에게서 눈을 떼지 않으면서 행복해서 어쩔 줄을 모르겠다는 표정이 역력했다. 그녀는 일주일에 세 번 학교에 가서 학생들을 가르치는 초등학교 선생이었다. 5명의 어린 딸과 직장생활과 가정생활을 어떻게 잘 조화롭게 하고 있는지 나는 궁금했다. 잠깐 대화를 나누어 보니 그 부인은 자녀 양육과 직장생활과 가정생활뿐 아니라 휴가를 아주 당연한 자신의 삶으로 생각하고 있었다. 어느 한 가지를 위해서 어느 한 가지를 포기해야 한다는 생각은 전혀 하지 않고 있었다.

그런가 하면 독일에서는 결혼을 하고도 자녀를 낳지 않으려는 사람이 많다. 직업생활과 휴가를 자녀 양육으로 희생하고 싶지 않다는 이유에서이다. 요즘은 한국에서도 자녀를 낳지 않으려고 생각하는 사람들이 많다고 들었다. 자신의 커리어를 위해서일 수도 있고, 먹고 사는 문제에 어려움이 있는 사회적 분위기 때문일 수도 있다. 어쨌든 자녀를 키우는 데 드는 시간과 에너지와 비용을 모두 피할 수 있고, 자신이 하고 싶은 일을 할 수 있기 때문일 것이다.

그러나 그런 생각을 하는 사람은 인간의 본질을 잊고 산다고 본다. 정말로 한 인간이 태어나서 해야 할 중요한 의무는 알지 못하기 때문이다. 나는 결혼만 하고 자녀를 낳지 않는 것을 마치 다람쥐가 세수를 하러 우물에 갔다가 물만 먹고 돌아오는 것과 같다고 생각한다. 또는 새콤달콤한 오렌지 속에 든 비타민을 먹고 몸이 튼튼해지는 대신에 새콤달콤한 맛만을 즐기기 위해서 그런 맛의 사탕을 먹고 정작 몸에 필요한 비타민은 먹지 못하는 것과도 같다고 생각한다.

사람이 이 세상에서 사회적 · 경제적 성공을 다 이루었다고 해도 결혼한 부부가 자녀가 없는 것은 마치 핵심이 없고 껍데기만 있는 속 빈 강정과 같다고 생각한다. 정작 세상에 살면서 가장 중요한 것은 하지 않고 세월을 보내는 것과 같다고 생각한다. 나 자신이 딸과 아들을 낳았기 때문에 더욱 자신 있게 이런 주장을 하는지도 모른다. 이러한 주장이 극히 주관적인 주장이라 할지라도 이해해 주면 좋겠다. 나는 정말로 그렇게 생각하기 때문이다.

한 남자와 한 여자가 결혼하여 자녀가 없이 이 세상을 떠난다면 어떻게 될까? 그 두 사람의 일이기 때문에 별 상관이 없다고 생각하겠지만, 바로 그 한 쌍이 이 세상을 이루고 유지하는 기본 단위이다. 이 세상을 존속하는 기본 단위가 자녀가 없이 이 세상을 떠난다면 머지않아 인간은 존재하지 않게 될 것이다. 아이를 낳지 않는 것은 세상을 존속할 인간으로서 의무를 수행하지 않는 것과 같다고 생각한다. 병이나 극심한 가난 등 특별한 이유가 없는데도 자녀를 갖지 않는다는 것은 이기심의 발로라고 단언한다.

열매를 맺지 않는 식물은 식물로서 구실을 못 한다. 모든 자연의 법칙은 식물이건, 동물이건 그것이 존속되도록 프로그램되어 있다. 그래서 때가 되면 민들레는 홀씨를 흩날려서 어느 곳에선가 또 다시 민들레가 피어나게 하고, 때가 되면 사자는 예리한 눈으로 자신의 짝을 찾아 2세를 낳는다. 그들은 의도적이지는 않지만 본능적으로 종족을 보존하고 있다. 그들이 자신의 종족을 보존하지 않는다면 그들뿐 아니라 다른 종족도 생존에 치명타를 입을 것이다. 이 세상의 모든 것은 혼자 살지 않고 유기적인 관계 속에서 살아가기 때문이다.

식물이 열매를 맺고 씨를 남겨 계속 자연이 순환하는 것과 같이 사람도 자녀를 낳고 번식하여 인류를 보존한다. 그러므로 출산은 인간의 가장 기본적인 책임이고 의무이다. 남자와 여자가 만나서 부부가 된 후에 꼭 해야 할 사명은 자녀를 양산하는 것이다. 내 생각에는 부부는 남자와 여자로 이루어져 있기 때문에 최소한 딸과 아들, 두 명을 낳는 것이 가장 이상적인 것 같다. 아들일지 딸일지 우리로서는 알 수 없는 일이기 때문에 최소한 두 명은 낳는 것이 가장 좋을 것이라고 생각한다.

물론 사회적 환경의 변화에 따라 다르기는 하지만, 자녀를 양산한다는 그 자체로 당신은 사람으로서 기본적 의무를 한다고 볼 수 있다. 당신의 부모가 당신을 낳음으로써 이 세상을 존속하게 한 것처럼 당신도 그러해야 한다. 그 일을 했다면 세상이 당신에게 자녀 양육에 대한 고마움을 표하거나 상을 주지 않아도 당신은 이 세상을 키워가는 데 한 몫을 하고 있으므로 자부심을 느껴도 될 것이다.

자녀가 태어나는 순간 당신은 이미 모든 보상을 받았다

독일 뮌헨에서 30대 중반 즈음에 두 번째 아이를 출산했다. 첫 애는 4살

배기 딸이었다. 예정일이 10일이 지나도록 진통이 오지 않아 병원을 찾았다. 의사는 제왕절개 수술을 해야 한다고 진단했다. 수술을 위해 마취를 하는 순간 나는 십자가를 생각하며 기도했다. 먼저는 '살아서 아이를 키울 수 있는 은혜를 주세요.'라고 기도했고, '혹 내가 깨어나지 않는다면 딸을 보호해 주세요.'라고 기도했다.

무사히 아들을 출산하고 얼마 후 입원실로 옮겨졌다. 아이는 황달 기운이 약간 있어 내가 누운 침대 곁에 놓여진 인큐베이터 속에 누워 있었다. 아이는 작은 유리 통 속에 엎드려서 기저귀만 찬 채 가끔씩 한 쪽 눈만 번갈아 뜨고는 세상을 바라보았다. 딸이 동생을 만져보고 싶어할 때는 곁에 놓인 소독약으로 손을 소독하게 했다. 딸은 갓 태어난 동생의 등을 쓰다듬고, 발을 만져보면서 신기해서 어쩔 줄 모르겠다는 표정을 지었다.

나는 2주 동안 입원을 해야 했기에 딸은 오후마다 아빠의 손을 잡고 병원에 들렀다. 어느 날 면회를 온 딸을 보니 양말을 짝짝이로 신고 있었다. 마음이 짠했다. 4살 된 아이가 오전에 유치원에 갔다가 오후에 병원에 오느라 피곤한지 침대로 올라와 내 옆에서 잠이 들었다. 땀을 흠뻑 흘리면서 새근거리며 자고 있는 아직도 어린 딸과 인큐베이터 속의 아들을 보자 엄마의 깊은 사랑과 책임감이 느껴졌다.

나는 내 속에 숨겨져 있는 큰 힘이 솟구치는 것을 느꼈다. '여자는 약하나 엄마는 강하다.' 라는 말이 생각났다. 이 아이들을 위해서라면 하지 못할 것이 없을 것 같았다. 그리고 조건 없는 사랑과 마음속 깊은 곳에서 흘러나오는 기쁨과 행복과 어디에서부터 시작된 것인지 모를 큰 에너지가 용솟음치는 것을 느꼈다.

그런 느낌을 줄 수 있는 것이 이 세상에 있을까? 최고의 명예와 직위가 주어진다면 그런 행복감을 가질 수 있을까? 물론 잠깐 동안의 성취감과 즐거움은 있을 것이다. 그러나 그 자리는 언젠가 비눗방울처럼 사라져 버리고, 그 행복감 역시 바람이 동에서 서로 불어 가듯 흔적없이 사라질 것이다. 큰 돈이 있으면 그런 큰 힘이 솟아날 수 있을까? 물론 얼마간 이 세상에서 부러울 것이 없는 듯한 만족감과 자신감을 느낄 것이다. 그러나 돈은 또 다른 돈에 대한 욕구를 불러일으켜서 그 만족감은 거품처럼 사라져 버리고, 마치 사막에서 신기루를 찾아 떠나는 것과 같을 것이다.

그러나 내 속에서 잉태된 자녀로 엄마가 느낄 수 있는 기쁨과 행복은 한 순간이라 할지라도 이 세상을 존속시키려는 창조주의 뜻과 동행하기 때문에 그 무엇과도 비교할 바가 못 된다. 그것은 창조주의 특별한 축복이요, 선물이다.

또한 아이를 보며 솟아나는 힘은 신이 주는 에너지로서 세상을 존속시키고자 하는 특별한 뜻이 담겨 있다. 창조주가 엄마에게 힘을 주어 그 힘으로 세상을 살리는 것이다. 그런 창조주의 일을 함께 한다는 것만으로도 엄마라는 존재는 출산을 통해서 큰 기쁨을 얻을 수 있다.

창조주는 이 세상을 만들고, 그 속에 우리 인간을 두었다. 그러나 창조주는 자신이 인간을 만든 보상을 받으려고 하지 않는다. 다만, 우리를 온갖 만물과 함께 이 세상에 두고서 '보기에 참 좋다.'고 했다. 아마도 그 아름다움을 보고 기뻐했을 것으로 생각이 든다.

창조주는 우리를 이 세상에 둔 그 자체를 기뻐하고, 우리가 잘 살아나갈 환경을 미리 만들어 주었다. 하늘과 땅과 공기와 물, 별과 달, 해와 나무와 꽃, 바다와 물고기 등 이미 모든 것을 마련해 두었다.

또한 창조주는 사람뿐 아니라 모든 생명체가 태어나면 그를 돌볼 존재를 주변에 둔다. 부모에게 사랑을 불어넣어 주고, 기쁨을 주어 2세가 잘 자랄 수 있는 주변 환경을 마련해 준다. 창조주에게는 단지 우리가 그 모든 것과 함께 잘 살아가는 것으로 큰 기쁨이 된다.

엄마 역시 아이가 태어나는 순간의 기쁨이 있고, 아이가 조금씩 자라나는 것을 보는 기쁨이 있다. 아이가 이 세상에서 자신의 역할을 하면서 성숙한 인간으로 자라는 것을 보는 기쁨이 있다.

그러나 때로 인간은 보상을 바라는 심리가 있다. '내가 널 어떻게 키웠는데……', '어떻게 그렇게 무심할 수가……', '너 때문에 나의 삶을 희생했는데, 더는…….' 이라는 말을 하기도 한다. 또는 내가 하고 싶었지만 하지 못했던 것을 자녀가 대신 이루는 것을 보고 싶은 보상 심리가 있다. 자신의 부족한 부분을 자녀를 통해 메워보려는 심리이다.

그래서 자녀 교육에 과하게 열을 올리고, 처지에 맞지 않게 외국 유학을 보내기도 한다. 자녀가 진정 하고 싶은 것이 무엇인지는 상관없이 더 좋은 성적으로 더 좋은 학교에 들어가기만을 요구한다. 결혼을 잘하여 나와는 다른 신분에서 나와는 다르게 잘 살게 하고 싶은 마음에서 자녀의 바람과는 상관없는 만남을 주선하기도 한다.

그러나 자녀가 태어나는 것을 보는 기쁨과 감사, 자녀를 통해 느끼는 사랑으로 우리는 모든 것을 이미 받았다. 그 이상은 덤으로 받는 선물이라 생각하고 자녀를 양육해야 한다. 아무도 알아주지 않아도 상관없다. 이미 모든 보상을 받았기 때문이다. 그리고 자녀가 잘 성장하기를 지원하며 해야 할 일을 할 따름이기 때문이다.

소유하는 마음이 아니라, 맡은 자의 마음을 가져라

나는 '아들 딸 구별 말고 둘만 낳아 잘 기르자'라는 캠페인을 들으면서 1남 4녀의 셋째 딸로 자랐다. 그렇기 때문에 어린 시절 우리 집에 형제 자매가 많은 것에 대해서 뭔가 조금 잘못된 것이라는 생각을 은연중에 했다. 그러나 내가 어린 시절에는 한 가정에 자녀가 여럿인 것은 아주 자연스러운 일이었기 때문에 그리 심각하게 생각하지는 않았다. 형제 자매가 많이 있다가 보니까 우리는 서로 돌보며 엉켜 살면서 성장한 것 같다.

30대 후반이었던 어머니는 5명의 꼬마를 두고 대구에서 서울로 유학을 가셨다. 그 당시에는 마치 바다 건너 유학을 가는 것과 같은 일이었다. 7살이었던 나는 언니, 오빠의 손을 잡고, 대구역에서 기차를 타러 플랫폼으로 들어가시는 어머니에게 손을 흔들면서 자신의 길을 떠나는 어머니를 자랑스러워했다. 물론 헤어지면서 받는 특별히 푸짐한 용돈은 더 큰 기쁨이었고, 어머니를 보내고 돌아오는 길에 들릴 만화가게와 구멍가게에 대한 생각도 큰 즐거움이었다. 어머니는 성공적으로 1년간에 걸친 서울 유학을 마치셨고, 대구에서 잘나가는 디자이너로 활동하셨다.

이 일이 벌써 40년 전 이야기이다. 지금 생각하면 어머니는 엄청난 도전을 하셨던 것 같다. 그러나 우리 형제 자매들은 어머니의 도전으로 생긴 빈 공간과 상관없이 건강한 정신과 건강한 신체로 잘 자라났고, 각자 자신의 삶 속에서 당당하게 한 몫을 담당하고 있다. 우리들은 물론 지금도 활발하게 사회에서 활동하면서 자신의 자리를 지키고 있고, 남은 생을 위한 비전을 갖고 자신과 자신의 환경을 넘어서는 도전을 하고 있다.

우리 형제 자매들이 자라나 결혼을 하고 자녀가 생기면서 어머니께서는 한 가지 선언을 하셨다. "나의 자녀들은 내가 키웠다. 너희 자녀들은 너희들이 키워라. 아예 손자 손녀들을 나에게 맡길 생각은 하지 마라." 은근히 자녀 양육에 어머니의 도움을 계산하고 있던 우리들은 잠시 동안도 어머니에게 자녀를 맡긴 적이 없다. 그러나 그 손자 손녀들도 잘 자라서 각자 사회에서 한 몫을 감당하고 있고, 또 감당할 준비를 하고 있다.

어머니의 자녀 교육 철학은 자식들이 각자 성인이 될 때까지는 부모가 상황이 닿는 한 최선을 다해 돌보아야 하지만, 그 이후의 삶은 각자의 몫에 달렸다는 것이다. 물론 살아가면서 닥치는 문제들에 대해 조언도 하시고, 용기도 주시지만, 근본적으로 자녀는 자신의 것이 아니라 잠시 맡겨진 대상이라고 하셨다. 그리고 자녀가 성장하여 각자의 길을 갈 수 있도록 그 기초를 닦도록 동행하는 것이 바로 엄마의 사명이라고 하셨다. 어머니는 우리 형제들과 우리의 자녀들이 이 세상을 당당하게 살아가는 모습을 보면서 맡은 자로서 사명을 다한 데 대한 흐뭇함을 갖고 계시고, 항상 '잘 살아주어서 고맙다.' 라는 말로 고마워하신다.

자녀가 태어나 자라나기 위해서는 엄마의 도움이 필요하다. 창조주는 엄마를 통해 태어난 아이에게 돌봄의 손길을 준다. 그러므로 엄마의 손길은 창조주의 손길이다. 창조주는 엄마의 사랑의 눈길을 통해 태어난 아이에게 사랑의 눈길을 준다. 그러므로 엄마의 눈길은 창조주의 눈길이다. 창조주가 엄마에게 당신의 눈길과 손을 빌리는 것이다. 인간이 할 수 있는 최상의 일은 바로 창조주의 일을 함께 하는 것이다. 그것은 이미 본능적으로 할 수 있도록 우리에게 주어졌다. 자신에게서 태어난 아기를 보고 자연스럽게 사랑을 느끼는 것이 그 한 예이다.

내가 무엇을 소유할 것인지는 내 마음대로 할 수 있다. 그러나 내가 무엇을 맡았다는 것은 언젠가 돌려주어야 한다는 의미가 담겨 있다. 예를 들어, 청지기가 한 집을 맡아 관리를 한다고 하자. 언젠가 주인이 돌아오면 청지기는 그 집을 주인에게 돌려주어야 한다. 그 집이 청지기의 소유가 아니기 때문이다. 그렇지만 청지기는 최선을 다해서 자신이 해야 할 일을 다해야 한다. 그것이 그의 임무이다. 최선을 다하되 자신의 마음이 아닌 주인의 뜻에 따라 최선을 다해야 한다.

집을 소유한 사람은 자신의 뜻에 따라 사고팔기도 하고, 고치기도 하고, 넓히기도 하고, 좁히기도 한다. 그러나 집을 맡은 자는 주인의 뜻에 따라서 집에 관한 모든 일을 관리하고 처리해야 한다. 이와 같이 우리도 자녀를 소유한 것이 아니라 맡았을 뿐이다. 자녀가 성인이 될 때까지 잘 자라도록 돌보다가 그 시기가 되면 그들이 자신의 인생을 잘 살 수 있도록 놓아주어야 한다. 자녀를 맡은 엄마가 할 것은 그들이 이 세상에서 홀로 서서 한 인간으로 독자적으로 살아가도록 하는 데 있다. 그러므로 자녀가 그렇게 되도록 어린 시절부터 준비를 시켜야 한다.

나는 모든 만남을 기적과도 같다고 생각한다. 그러하기에 모든 만남마다 감동을 하게 된다. 시작도 없고, 끝도 없는 영원한 시간 가운데 20, 21세기의 한 단면에 만난다는 것은 기적과도 같은 확률이다. 게다가 65억의 사람들 가운데 평생 한 번이라도 만날 수 있는 확률은 매우 희박하다. 이 넓은 지구 가운데 같은 나라에서 같은 언어를 사용하면서 의사소통을 하고, 같은 피부 빛깔을 하고 만난다는 확률은 더더욱 희박하다.

그런데 그 영원한 시간이 흘러가는 한순간의 단면에 이 넓은 지구의 한 곳에서 한 사람이 나를 통해서 태어난다는 것은 상상하기 힘든 기적 중에 기적이 아닐 수 없다. 이러한 시간의 흐름 속에 내가 두 자녀를 낳았지만, 두 자녀 또한 이 영원한 세월 속에서 자신의 삶을 살아갈 한 인간들이다. 엄마는 자녀들이 이 세상에서 독립된 한 인간으로서 당당하게 자신의 삶을 살 수 있도록 준비시켜주고 지원해 주면서 함께 삶의 길을 가는 동반자라 할 수 있다.

마사 스튜어트

마사 스튜어트는 폴란드계의 이민 노동자의 맏딸로서 한 초라하고 평범한 집에서 태어났다. 주부로서 오랫동안 생활하다가 힐러리 클린턴과 오프라 윈프리처럼 그녀도 영향력 있고 인기 있는 여성으로 거듭났다. 미국의 수많은 주부들은 '살림의 여왕'이라고 불리는 그녀의 요리책을 손에 들고 그녀가 출연하는 요리 프로그램을 텔레비전으로 보면서 자신의 가정과 삶을 가꾸어 나가고 있다.

외모가 출중하고 똑똑했던 그녀는 학교에서 다양한 특기 활동을 하고, 공부도 잘하는 학생이었다. 학창 시절에는 잡지와 텔레비전 광고 모델로 모습을 나타나기도 했고, 뉴욕시의 명문 여자 대학교인 버너드 칼리지를 졸업했다. 그녀는 미술, 유럽 역사 및 건축사 등을 공부하여 성공의 토대를 쌓았다.

결혼 후 그녀는 30세가 좀 넘은 나이부터 전업주부가 되었다. 살림살이를 좋아했던 그녀는 전업주부로 살면서 자신의 집 지하 주방에서 주문 요리 사업을 시작했고, 약 5년 후에는 자신의 요리 비법이 담긴 『엔터테이닝』을 출간했다. 그 책은 히트했고, 그녀는 세상에 알려지기 시작했다.

그 후 그녀는 출판을 하고 방송을 진행하는 등 많은 분야에서 활동하며 주부로서, 자신의 분야에서 성공을 이룬 사람으로서 미국인들의 특별한 사랑을 받았다. 55세 경에는 '마사 스튜어트 리빙 옴니 미디어'를 설립하여 종합 미디어 그룹을 일구었다. 그 후 2년 뒤에는 회사를 뉴욕 증시에 상장시키고, 그 결과 6억 달러라는 재산을 만들었다. 그녀는 성공하기 위해서는 다른 사람 밑에서 일하지 않고, 자신의 회사를 세워 독립해야 한다는 미국인들의 비즈니스 원칙을 실현하기 시작하여 성공을 이루어냈다.

승승장구하던 마사는 60세 경에 기업의 내부 정보를 이용해서 부정적으로 주식을 거래했다는 죄명으로 감옥에 수감되는 엄청난 위기를 맞이하게 되었다. 이 사건으로 그녀의 이미지는 지혜롭게 살림을 잘하는 어머니와 편안한 이웃 아주머니에서 부정 경영인으로 하루아침에 땅에 떨어졌다. 이제 재기하지 못할 것이라는 사람들의 추측에 마사는 'I will be back(난 다시 돌아올 거예요).'이라는 말을 했고 그 말대로 이루었다.

5개월간 감옥에 수감된 그녀는 도리어 그 시간을 자신의 재기를 앞두고 홍보를 위한 절호의 기회로 활용했다. 동료 수감자들에게 요가와 꽃꽂이를 가르쳤고, 자신에게 돈과 선물을 보내는 사람에게 그 대신 자선 단체에 기부해 달라는 내용의 편지를 써서 홈페이지에 올렸다. 이로써 그녀는 '기죽지 않는 여장부'라는 평을 이끌어내었다. 복역이 끝난 후 또 다시 5개월간 가택연금이 되었을 때는 가택연금당한 사람이 차야 했던 전자 발찌를 그대로 한 채 방송에 출연하여 시청자에게 보여주기도 했다. 이로써 여론의 동정을 이끌어내기도 하는 등 쉬지 않고 위기를 기회로 만드는 적극성을 보여 주었다.

이 외에도 창업에 대한 책을 출간하고, 제과 제빵에 대한 책을 냈다. TV 쇼를 통해 자신의 복귀를 알렸으며, 기존 사업도 확장했다. '마사 스튜어트' 가정 용품 사업을 시작했고, 메이시 백화점과 시어즈 백화점과 같은 유명 백화점에 자신의 제품을 선보여 판매했다. 살림과 인테리어 사업에 이어 부동산으로 사업을 확대하였는데, 미국 주부를 이미 사로잡은 그녀의 부동산 사업은 대단한 관심을 모았다.

2005년에는 미국 경제 주간지 『포춘』이 선정한 '전 세계 영향력 있는 50대 여성 기업인' 가운데 21위를 차지했고, 시사 주간지 『타임』에서는 '우아하게 늙어가는 미국인 10명' 가운데 하나로 선정되었다. 이제 65세가 된 그녀는 금발머리를 휘날리면서 많은 미국 주부들의 꿈이 되고 있고, 경영인으로서 대중의 우상으로 최고의 주가를 누리고 있다.

어머니는 우리의 마음속에 얼을 주고, 아버지는 빛을 준다.

- 장 파울 -

온갖 실패와 불행을 겪으면서도 인생의 신뢰를 잃지 않는 낙천가는 대개 훌륭한 어머니의 품에서 자라난 사람들이다. — 앙드레 모루아 -

자식을 기르는 부모야말로 미래를 돌보는 사람이라는 것을 가슴속 깊이 새겨야 한다. 자식들이 조금씩 나아짐으로써 인류와 이 세계의 미래는 조금씩 진보하기 때문이다. — 칸트 -

CHAPTER *07*

여자 30대, 아무도 신혼의 짜릿함을
영원히 갖지 않는다
스스로 완전한 사랑을 키워나가라

파트너와 주변 사람에게 말과 행동으로
행복을 느끼게 해 줄 수 있는 사람,
내가 있어 그 자리가 빛나는 사람,
가장 가까운 사람과 그 주변을 존중해 주고
인정해 줄 수 있는 사람이 된다면 결국 내가 행복하게 될 것이다.

가슴 설레는 또 다른 사랑을
기대하라

텔레비전 연속극인 '내 남자의 여자'는 한동안 시청자들 사이에 화제가 되어 시청률 제1위를 차지했던 드라마이다. 가정을 이룬 30대 남녀간에 생긴 문제를 주제로 한 드라마이다. 여자는 남편이 자신의 친구와 바람이 난 사실을 모르고 있었다. 그 상태에서 그 친구는 여자에게 '남편을 사랑해? 행복해?'라고 묻는다. 그 질문에 여자는 '그냥 편안해!'라고 대답을 한다. 얼마 후 남편이 그 친구와 사랑에 빠진 것을 알고, 자신도 편안한 아내보다 쳐다보면 짜릿한 느낌이 드는 여자가 되는 것이 차라리 낫겠다고 한탄한다.

사랑에 빠져서 그 친구와 남편은 그 여자를 떠난다. 그리고 일년 후 둘은 어쩌면 서로 헤어져야 할 것 같다는 생각을 할 정도로 갈등하게 된다. 그 짜릿한 사랑이 둘 사이에 자리잡은 동안 그들에게는 그 무엇도 헤어질 이유가 되지 않았다. 사랑은 모든 것을 뛰어넘는다는 말이 실감날 정도로 그들은 엄청난 재산도 포기하고, 아들도 포기하고, 가족도 포기하고, 명예와 자존심도 포기하면서 함께 그 짜릿한 사랑을 따라갔었다. 헤어질 이유가 둘 사이에 나타난 것은 분명 그 모든 것을 이겼던 그 짜릿한 사랑이 점점 힘을 잃어갈 때부터였던 것이 틀림없다.

남녀간의 사랑은 새로움이라는 신선한 느낌으로 오는 경우가 많다. 그냥 습관에 젖고 타성에 젖어서 생활하다 보면 신선한 느낌이 사라지게 된다. 새 옷을 마련하면 기분이 좋다. 그래서 옷장에서 자주 옷을 꺼내어 거울에 비춰보며 기뻐하고, 옷을 입고 행복한 마음으로 외출한다. 그러나 그것이 얼마나 가는가? 시간이 지나면서 새 옷에 대한 기쁨은 점점 흐려져간다. 그러다가 그 옷은 항상 옷장에 걸려있지만 그 사실조차 잊어버릴 정도까지 된다. 그리고 백화점에 걸린 아름다운 옷을 보면 또다시 그것이 갖고 싶어진다.

이 세상의 모든 것이 변하듯이 사람의 감정도 변한다. 모든 것이 그 상태로 머무르리라고 생각하는 것 자체는 흐르는 강물을 막아두려는 것과 같다. 한 사람과의 연애 감정도 그 느낌 그대로 계속되는 것이 아니다. 시간이 지나면서 점점 다른 종류의 감정으로 변화되어 간다. 그렇다고 그 사랑이 없어지는 것은 아니다. 사랑의 종류가 달라질 따름이다.

처음에 느꼈던 그 짜릿한 감정을 찾고 싶은 마음은 누구나 갖고 있다. 그래서 자신의 곁에 있는 파트너에게서 사라진 그 짜릿한 감정을 다른 사람에게서 찾으려고 하는 경우가 많다. 그 파트너는 항상 그곳에 있기 때문에 새로움이 없어져서일 것이다. 그러나 그 파트너는 일년 전의 그 사람이 아니다. 그도 새로운 사람이다. 사람의 신체는 11개월이면 모든 세포가 새로워지기 때문에 완전히 달라진다고 한다. 신체도 그런데 감정은 더더욱 그럴 것이다. 어제의 당신은 오늘의 당신이 아니다. 마찬가지로 어제의 파트너는 오늘의 파트너가 아니다. 사람은 나날이 새로운 사람이 되어간다.

그 새로운 파트너에게서 새로운 것을 발견해 보라. 새로운 시각으로 파트너를 바라보며 날마다 새로운 경험과 새로운 생각과 새로운 정신으로 변화되어 가는 모습을 다시 발견해 보라. 그 새로움을 놓치지 말고 떨리고 설레는 마음으로 대해 보라. 결국 짜릿한 느낌은 파트너에게 달려있는 것이 아니라 나에게 달렸음을 알게 될 것이다. 내가 그런 느낌을 갖도록 시도해 보는 것이 모든 면에서 이로울 것이다. 다른 곳에서 짜릿한 사랑을 찾은 값은 여러 모로 상당한 값을 치러야 한다.

파트너와의 새로운 관계를 위해서 이벤트를 마련해 보는 것도 도움이 될 것이다. 사소한 이벤트여도 예전과는 다른 새로운 것일 경우 새로운 감정이 솟아날 수 있게 된다. 대학교 동창을 오랜만에 만났는데, 결혼한 지 15년도 더 지난 지금 남편과 연애를 하고 있는 것을 보고 깜짝 놀랐다. 그들은 부모의 소개로 만나 서로 싫은 감정은 없는 정도에서 결혼을 했다. 서로 짜릿한 사랑의 느낌이 분명 없었던 것을 나는 알고 있었다. 그 친구는 아이들이 아주 손이 많이 가던 얼마 전까지만 해도 결혼의 의무감으로 살았다고 했다. 자녀들이 어느 정도 자라난 근래에 와서 한 달에 한 번씩 주말에 1박 2일로 여행을 가기 시작했다고 한다. 여행을 가되 항상 다른 곳으로 가는데, 갈 때마다 새로운 곳을 접하면서 부부 관계도 새로워졌다고 했다. 이제 아이들이 자라 자신의 곁을 떠나면 둘이 손을 잡고 여행하는 것이 꿈이라고 했다.

집 안에 작은 변화를 주어도 새로운 감정이 솟아날 수 있을 것이다. 나는 한 친구에 대해서 항상 감탄한 적이 있다. 그 친구는 유아원과 초등학교에 다니는 자녀들이 있었고, 직업을 갖고 있었다. 가끔씩 그 친구의 집을 방문할 때마다 꼭 가구 하나의 위치가 바뀌어져 있었다. 한 번은 침대의 위치가 바뀌었고, 또 한 번은 침구 색깔이 바뀌었다. 한 번은 책장과 화장대의 위치가 바뀌었고, 또 한 번은 식탁 위치가 바뀌었다. 주변 환경의 작은 변화가 마음의 변화를 가져다 주었다. 그러한 변화로 그 친구는 부부간의 감정의 변화를 이끌어 내고 있었다.

모든 꽃이 다르고 계절에 따라 색깔과 모양이 달라지듯이 사람도 다르고 때마다 달라진다. 시간이 지남에 따라 한 사람에 대한 사랑의 종류도 달라진다. 눈길이 닿자마자 불꽃처럼 활활 타는 누구나 한 번쯤은 기다려보는 낭만적인 사랑이 있는가 하면, 사랑하기 때문에 헤어졌노라고 말하면서 고개를 돌려야 하는 아픈 사랑도 있다. 사랑하기 때문에 돌진하는 트럭에 몸을 던져 생명을 살리는 사랑이 있는가 하면, 해바라기와 같이 언제나 한 사람을 바라보면서 언젠가 자신에게 고개를 돌려 바라볼 때를 기다리는 애틋한 사랑이 있다. 장미꽃과 같이 가시가 있는 열정적이고 자극적인 사랑이 있는가 하면, 희미한 기억 속에 아련한 추억을 남기는 못내 아쉬운 사랑도 있다. 어버이의 사랑이 있고, 친구의 사랑이 있고, 신의 절대적인 완벽한 사랑이 있다.

50살이 되면 사랑이 있을까 생각했던 적이 있다. 그러나 50살이 되면서 참고 바라볼 줄 아는 또 다른 성숙한 사랑이 있다는 것을 알게 되었다. 30대에 생각하지 못했고, 잊고, 잃어 버렸다고 생각했던 사랑의 감정이 또 다른 빛깔을 띠고서 나의 내부에서 새록새록 움트는 것을 느낀다. 그러니 신혼 때에 느꼈던 짜릿한 사랑의 감정이 사라져간다고 아쉬워 말고 또 다른 사랑의 종류를 기대하고, 키워가고, 그 사랑을 맘껏 누려라. 그럴 때 짜릿한 그 사랑도 다른 모습을 띠고 봄날이 다시 오듯이 다시 되살아날 것이다.

나는 너에게, 너는 나에게 한 송이 아름다운 꽃이 되어라

교수인 남편을 둔 친구가 있다. 한 번은 학생들이 집으로 방문했기에 친구는 식사를 정성껏 대접했다. 학생들은 사모님인 친구에게 하나같이 '교수님께서 얼마나 자상하신지 몰라요. 저희들에게 그렇게 자상하신데, 사모님께는 얼마나 자상하시겠어요. 참 좋으시겠어요.' 라고 말하면서 친구를 부러워하는 표정을 지었다. 친구는 그 말을 듣고 깜짝 놀랐고, 상당히 의외여서 어떤 점이 그렇게 자상한지 물어보았다. 학생들은 교수님이 항상 자신들을 만나면 활짝 웃으면서 대하고, 칭찬을 해 주고, 어려운 일이 있으면 자신의 일처럼 걱정해 준다는 등 자상한 점을 늘어놓았다.

집에 들어오면 자신에게 인사를 하기는커녕 쳐다보지도 않고 소파에 앉아 텔레비전 리모콘을 돌리고, 자신이 하는 일이라면 사사건건 반대를 하고, 타박을 주는 남편이 바깥에서는 그렇게 자상한 점이 있다는 사실을 알고는 놀라지 않을 수 없었다. 그런데 왜 자신에게는 자상함과 반대되는 남편인지 의아했다.

누군가가 우스갯소리로 남편을 '항상 남의 편을 드는 사람' 이라고 정의 내리는 것을 보았다. 이웃 사람을 만나면 반갑게 인사하면서 활짝 웃고 주변 인물에게는 아주 관대해서 이해를 잘 해 주지만, 정작 자신에게는 사사건건 못마땅해 하는 남편을 보고 남편이 자신에게도 다른 사람에게 하는 것의 십분의 일만 해 줘도 남편을 업고 다니겠다고 말하는 아내도 있다. 가장 잘 대해 주고, 가장 잘 이해해 주어야 할 가장 가까운 사람이 다른 사람에게만 잘하고 정작 자신에게는 잘하지 않을 때 받는 상처는 큰 법이다. 이는 입장을 바꾸어도 마찬가지일 것이다.

독일에서 독일 남편과 한국 아내인 부부를 알고 지냈다. 비영리 단체에서 함께 모임을 하였는데 나는 그 단체를 관리, 운영하는 직책을 맡았기에 그들과 함께 회의를 할 경우가 있었다. 그런데 그 부부는 어떤 문제에도 한 편인 듯 했다. 사전에 두 사람이 충분한 토론을 거쳐 생각을 일치시켰는지는 알 수가 없었다. 그러나 사람들이 함께 하는 자리에서 서로에게 이견을 나타내지 않았다. 개인적인 만남에서나 회의를 할 때나 절대적으로 그들은 서로의 편인 것 같았다. 그들은 자신이 파트너의 의견에 동의하지 않을 경우에는 차라리 입을 닫아버렸다. 후에 아무도 없는 곳에서 서로의 의견에 대해 토론하고, 서로 조율을 하는 듯 했다.

그런 태도는 모임을 객관적으로 바라보는 것 같지 않는 느낌이 들기는 했다. 그러나 아내는 남편에게, 남편은 아내에게 절대적으로 편이 되어 주는 부부의 모습에서 그 둘 사이에 떼어 놓을 수 없는 어떤 견고함이 숨겨져 있는 것을 볼 수 있었다. 서로 견고한 관계를 보이는 그들에 대해서 사람들이 존중해 주는 모습 또한 볼 수 있었다.

휜칠한 키에 잘 생긴 독일 남편은 키가 작고, 뚱뚱하고, 별로 예쁘지 않은 자신의 아내를 최고의 미인으로 생각하고, 그것을 철저히 믿고 있는 것 같았다. 40대가 훨씬 넘었고, 한국의 미의 관점으로 보면 못생겼다고 할만 한 아내를 사랑스러워 못살겠다는 표정으로 바라보는 그 독일 남자를 보면 '제 눈에 안경'이라는 말이 입에서 저절로 흘러나왔다.

그 아내는 또한 남편을 향해 '쏫찌(보물)!'라고 부르며 목을 부둥켜 안고 매달리면서 행복해 죽겠다는 표정을 짓는 것을 보면 닭살이 돋을 정도였다. 그러나 서로를 좋아하고 사랑하고 표현하는 데 누가 뭐라고 하겠는가? 그렇게 서로에 대해 사랑을 표현함으로써 그들은 사랑을 확인하고 키워나가는 것 같았다.

우리 한국 사람들은 자신의 감정을 잘 표현하지 않는다. 남편을 사랑하면서도 투덜거리는 것으로 사랑을 표현하기도 하고, 아내를 사랑하면서도 자신의 감정과는 정반대의 말로 사랑을 표현하기도 한다. 어떤 남편이 아내에게 '요즘 왜 그렇게 늙어 보여?'라는 말을 자주해서 아내는 속이 상했다. 분명 늙었다는 것만 말하려는 것이 아니라 아내에 대한 관심의 표시이고, 늙어가는 아내에 대해 안타까움을 표시하는 것일 것이다. 아내를 깎아내리려는 의도가 아니라, 분명 사랑의 발로일 것이다. 그러나 그런 표현은 아내의 마음을 상하게 한다. 같은 일을 당한다면 남편도 마찬가지일 것이다.

이 세상에서 가장 중요한 관계가 바로 이 세상의 가장 핵심이 되는 부부 관계이다. 부부 관계가 잘 되어 있을 때 그 두 사람 주변의 관계가 원만하게 된다. 즉 자녀와 다른 가족들과의 관계가 매끄럽게 된다. 나아가 사회와 세상이 편안해지게 된다. 그러므로 남편이 아내에게, 아내가 남편에게 이 세상 그 누구와의 관계보다도 가장 좋은 관계를 만들어야 할 것이다.

그러면 그 부부 관계로부터 시작해서 주변 사람들에게 행복이 퍼져나가게 되고, 결국 그 속에서 살아가는 자신이 행복하게 된다. 파트너와 주변 사람에게 말과 행동으로 행복을 느끼게 해 줄 수 있는 사람, 내가 있어 그 자리가 빛나는 사람, 가장 가까운 사람은 물론 이웃을 존중해 주고 인정해 줄 수 있는 사람이 된다면 결국 내가 행복하게 될 것이다.

'백짓장도 맞들면 낫다.' 라는 말이 있고, '혼자서 길을 가는 것보다 둘이서 함께 길을 가는 것이 더 낫다.' 는 말이 있다. 한 사람이 피곤해서 넘어지려고 하면 서로 지팡이처럼 받쳐 줄 수 있기 때문이고, 서로 위로해 줄 수 있기 때문일 것이다. 백짓장을 맞든 사람이 계속해서 백짓장을 잘 들고 있어 주어야 그것을 잘 옮길 수 있을 것이고, 나와 함께 길을 가는 사람이 길을 잘 걸어가야 나도 길을 잘 갈 수 있을 것이다. 그러므로 내 주변에 있는 사람을 축복하는 것은 바로 나 자신을 축복하는 것이 되고, 주변에 있는 사람에게 잘 대해주는 것은 바로 나 자신에게 잘 대해주는 것이 된다.

나도 시든 꽃은 싫다

80세가 되신 어머니께서는 이제 100세를 향해 살아가고 계신다. 어머니께서는 60세부터 '이제 곧 죽을 건데……' 하시면서 마음에 없는 말씀을 하셨다. 그런데 80세가 되신 요즈음 거울을 들여다 보시면서 예전보다 주름이 더 없어져 젊어진 것 같다고 좋아 하시면서 립스틱 색깔을 골라 바르신다. 그러다가도 어떤 때는 당신이 60대에 생각하던 80대 노인을 생각하시면서 '참 오래 산다.'고 하시며 스스로 참 늙었다고 말씀하신다. 또 어떤 때는 거울을 들여다 보시면서 80살에도 지금의 모습을 유지할 수 있다는 것을 신기해 하신다.

나는 어머니께 예전의 나이 개념을 이제 깨뜨리시라고 말씀드린다. 지금의 80세는 20~30년 전에 생각하던 80세가 아니다. 평균 연령이 높아졌기 때문이다. 그래서 스스로 젊고 건강하다 생각하고, 젊게 사시라고 말씀드리곤 하지만, 아직도 실감이 나지 않으신가 보다. 실제로 생각은 신체를 건강하게 만든다.

나는 50대이다. 내가 30대를 절반 이상 지나갈 무렵 나는 인생의 무상함을 느꼈다. '이제 인생의 절반을 넘어가고 있구나!' 라는 생각을 했기 때문이다. 나는 50대가 되면 인생의 마지막에 다다른다고 생각했고, 60대가 되면 서서히 죽음을 준비할 것이라고 어렴풋이 생각했다. 그러나 지금 어머니가 100세를 바라보며 사시는 것을 보고 '30년 후 내가 그 나이가 되면 평균 연령이 100세가 될 것이고, 특별한 사고나 병만 없으면 그 이상도 바라보면서 살게 되겠구나.' 하는 생각이 들었다.

그렇다면 지금의 30대는 청년이라 할 수 있다. 청년은 꿈을 품고 비전을 갖고, 목표를 세우고, 앞날을 설계하며, 보이지 않는 미래의 소망을 갖고 살아가야 할 나이의 사람이다. 지금의 장수 시대에 자신의 체감 나이를 제대로 느껴야 할 것이다. 이는 시대가 변함에 따라 오는 개인의 변화라고 할 수 있다.

이제 결혼을 하여 가정도 있고, 자녀들도 있으므로 그저 그렇게 살 것이라고 생각하지 말고, 자신의 진정한 나이를 생각하고 그 나이를 체감하도록 하라. 그리고 젊게 살면서 성장하는 모습을 보여 주도록 하라. 항상 젊음을 유지하기 위해서는 변해야 한다.

예를 들어, 상품도 계속적으로 변해야 고객의 변심을 막을 수 있다고 한다. 파트너도 마찬가지이다. 당신의 파트너가 시든 모습이면 싫을 것이다. 젊고 지속적으로 변하는 모습이 좋고 눈길이 간다. 남자 복서 같은 팬티에 늘어진 티셔츠를 입은 여자의 모습은 어느 남자라도 좋아하지 않을 것이다. 솔직히 당신도 멋지게 머리를 넘기고, 향긋한 냄새가 나는 남자에게 눈길이 가고, 곁에 있으면 기분이 좋을 것이다. 이는 여자를 바라보는 남자도 마찬가지일 것이다.

나이가 들고, 시대가 변하고, 취향도 변하는데, 항상 똑같아 보이는 남자와 시들어 보이는 남자는 나도 싫다. 내가 그런 남자가 싫다면 남자도 그런 여자가 싫을 것이다.

새로운 모습을 보여 주어라. 외적인 인상도 마찬가지이다. 때로 머리 모양을 바꾸어 보고 새로운 색상과 스타일의 의상도 입어보아라. 그렇지 않고 편안하고 바쁘다는 이유로 늘 똑같은 외모를 하면 고루한 사람으로 여겨질 것이다.

성장의 모습을 보여 주는 것도 신선한 느낌을 준다. 뭔가 새로운 것을 배운다거나 새로운 생각을 정립한다거나 하는 것도 좋다. 집에서 밥하고 빨래만 하는 줄 알았던 아내가 남편과 부부 동반 연말 모임에 갔는데, 외국 사람과 우연히 마주쳤다고 하자. 모두들 꿀 먹은 벙어리가 되어 있는 상황에서 아내가 평소에 익혀 두었던 영어로 그 외국인에게 말을 걸자 모두들 '와!' 하고 놀라는 눈치라면, 남편은 아내의 모습에 신선한 매력을 느끼게 될 것이다.

사실 나는 아름다운 것을 보면 감동을 잘 한다. 봄비가 촉촉하게 내리는 날 길가에 돋아나고 있는 풀잎에 물방울이 맺혀 있는 것을 보면 길을 가다가도 멈춰 서서 한참을 바라보면서 행복해 한다. 높은 건물 사이로 빨간 해가 떨어지고 있는 것을 보면 눈을 떼지 못할 정도로 감흥에 젖는다. 눈이 하얗게 덮인 들판을 보면 그 속에서 움트고 있는 생명을 생각하면서 큰 힘을 얻는다. 그런 나를 보고 어떤 친구는 신기해 한다. 어릴 때는 낙엽이 구르는 것만 보아도 까르르 웃음을 터뜨리고, 영화를 보면서 눈물을 흘리던 자신이 나이가 들면서 아무런 감동이 없다고 했다. 별로 기쁠 것도, 즐거울 것도, 감동을 받을 것도 없다는 것이다.

그 친구처럼 감성이 노화되면 신체 또한 노화되는 것은 시간 문제이다. 자신의 감성을 돌보고 관리해야 한다. 그렇지 않으면 신체를 관리해도 정직하게 감성을 따라 늙어갈 것이다. 30대야말로 인생의 꿈을 피우는 젊음을 무기로 가질 수 있는 나이이다. 이 시기에 꿈을 열심히 키워 가면서 행복함을 느껴야 한다. 행복함을 느끼는 사람이 젊은 감성을 가질 수 있고, 젊은 감성이 젊은 신체를 만든다.

스스로 시들었다고 생각하면 정말로 시든다. 나는 시든 꽃을 바라보지도 않고, 본다 해도 감동하지 않는다. 활짝 핀 싱싱한 꽃에 저절로 눈길이 가게 된다. 나이가 들어도 젊음을 유지하면서 씩씩하고 패기 있게 사는 사람을 보면 나도 힘이 솟구친다. 그런 사람들과 함께 있으면 에너지를 받게 되므로 나는 그런 사람과 함께 있고 싶다. 내가 그렇다면 다른 사람도 마찬가지일 것이다. 내가 스스로 늙었다고 생각하고 축 쳐져 있으면 다른 사람은 나에게서 힘을 얻지 못할 것이고, 나와 있고 싶지 않을 것이다. 스스로 힘을 내어 주변에 힘을 불어 넣는 사람이 되자.

바비 브라운

시카고에서 성장한 바비 브라운은 마샬 필즈 백화점의 화장품 코너에서 놀기를 좋아하는 소녀였다. 소녀 시절에는 1960년대 후반의 이상적인 미인상이었던 파란 눈에 깡 마른 체구에 금발 머리를 가진 미인처럼 보이고 싶었다고 한다. 그녀는 결코 금발 미인과 같지 않은 자신의 부족한 외모를 불만족스러워 했다. 그러나 영화 '러브 스토리'의 여주인공 알리 맥그로우를 보고는 자신만의 아름다움에 대한 가능성을 보았다고 한다. 그것은 자신과 다른 여성을 바라보는 관점에 영향을 미쳤다.

그것을 계기로 바비 브라운은 메이크업 아티스트의 길로 들어서게 되었다. 그녀는 "여성의 얼굴을 볼 때, 나는 그녀의 약점을 보지 않습니다. 그녀의 가장 아름다운 점을 봅니다."라고 말하고 있다.

바비는 보스턴에 있는 에머슨 컬리지에서 무대 메이크업 학위를 받았다. 그리고 메이크업 아티스트로서 전문직에 종사하고자 뉴욕으로 갔다. 그녀는 뉴욕에서 프리랜서 메이크업 아티스트로 성공했으며, 잡지와 광고 작업에 많이 참여했다. 화장품 사업을 생각한 것은 30살이 되어서였다. 그녀는 당시 막 결혼을 하여 첫 아이를 임신한 상태였다.

메이크업 아티스트로서 활동하던 시절에는 힘겹게 무거운 가방을 들고 다녀야 했던 어려움이 있었다. 그리고 그 당시 기존 립스틱이 바비는 도무지 마음에 들지 않아서 어떻게 하면 좋은 립스틱을 만들어낼까 고민하기 시작했다. 그런 차에 우연히 한 화학자를 알게 되었고, 그 화학자는 원하는 색상을 마음껏 섞어서 만들 수 있는 열 가지 립스틱을 만들고 싶어하는 바비의 계획을 구체화해 주었다. 바비는 첫 아들을 낳은 직후 자신의 립스틱 컬렉션을 선보였다.

부동산에 관련된 일을 하던 남편은 1990년 초 부동산 시장이 붕괴되면서 그 일을 그만두고 법대에 들어갔다. 그녀는 법대에 다니는 남편과 어린 아기와 함께 살면서 매달 대출금을 걱정해야 했다. 당시 바비는 마지막으로 남은 5천 달러로 일을 시작했다고 한다.

사업을 시작하던 시기에 친구의 도움으로 연결이 된 『보그』지의 영향력 있는 기자가 인터뷰차 바비 브라운에게 전화를 했을 때, 그녀는 어린 아들에게 젖을 먹이고 있었는데 아기가 울며 몸에 젖을 토해서 온통 옷이 젖과 토로 범벅이 된 가운데 대화를 나눈 에피소드도 있다. 그녀는 결국 홍보의 힘을 입어 사업가로 급부상했다. 1991년에 그녀가 만든 립스틱 '브라운'은 립스틱 시장의 판도를 바꾸어 놓을 정도였다.

바비는 수많은 잡지에 기사를 썼고, 많은 양의 주문을 받았으며, 버그도프 굿맨 백화점을 찾아서 무조건 판매를 시도해서 성공하기도 했다. 바비의 제품은 뉴욕의 니만마커스 백화점에서 가장 잘 팔리는 화장품 브랜드가 되기도 했다.

바비는 출장이 잦아지고, 제품 생산량이 갈수록 많아지고, 회사 규모가 점점 커져서 파리, 런던, 도쿄, 홍콩 등에서도 판매를 하기 시작했다. 임신 중 유럽으로 사업 여행을 했고, 모든 비즈니스 행사에 참석을 했다. 10년간 엄청난 성장을 이룩했다. 1995년 바비는 자신의 사업을 에스티 로더 그룹에 인계했지만 그 경영권은 여전히 그녀가 소유하고 있다.

그녀는 미용에 관한 책을 세 권이나 썼다. 그것은 『바비 브라운 뷰티 : 궁극적인 아름다움의 원천』, 『바비 브라운 틴에이지 뷰티 : 당신이 아름답고 자연스럽고 섹시하고 멋지게 보이는 데 필요한 모든 것』, 『바비 브라운 뷰티 에볼루션 : 일생의 뷰티 지침서』이다. 이 책들은 모두 뉴욕 타임즈의 베스트 셀러에 오르는 쾌거를 울렸다.

바비 브라운은 이 모든 사업을 시작하여 성공하고, 영향력 있는 브랜드의 CEO가 된 그 당시에 두 아들을 출산하여 양육했다. 그리고 41살에 셋째 아들을 낳았다. 이에 대해 바비 브라운은 스스로 자부심을 느낀다고 한다.

여기 주부로서, 세 자녀의 엄마로서, 그리고 CEO로서 이 사회의 한 자리를 굳건하게 차지하고 있는 여성이 있다. 백마 탄 왕자를 기다리지 않고 직접 백마를 타고 달리는 여성이 있다. 백마를 타기까지는 그 방법을 배워야 한다. 백마를 탄다고 해도 거친 길을 달려야 할 때도, 장애물을 만날 때도 있을 것이다. 그러나 끝까지 달린 결과 모두가 인정하는 백마를 타고 유유히 달리는 여성을 보라.

결혼의 성공은 적당한 짝을 찾는 데 있는 것보다도 적당한 짝이 되는 데에 있다.
- 텐드우드 -

결혼이란 단 한 사람의 상대를 위해 남은 사람 모두를 단념해야 하는 행위이다.
- 무이 -

사랑한다는 것은 둘이 마주보는 것이 아니라 함께 같은 방향을 쳐다 보는 것이다.
- 생텍쥐페리 -

사랑은 의지의 실천이다.즉 하고자 하는 의도와 행동, 두 가지 모두를 같이 묶은 것이 사랑이다.
- M. 스코트 팩-

CHAPTER 08

여자 30대, 아무도 당신에게
도움을 주지 않을지도 모른다
먼저 도움을 주는 사람이 되어라

될 수 있으면 주변 사람을 많이 세워 주어라.
당신에게 사람이 필요하고, 기회가 필요하면 다른 사람도 그러할 것이다.
그들을 도와 그들이 자신의 자리에서 우뚝 서도록 해 주어라.
그러면 언젠가 그 혜택이 당신에게 돌아오게 될 것이다.

당신 주변에 널린 사람이라는
보물을 보물단지에 담아라

내 친구 중에는 자신의 분야에서는 한국 최고의 성공을 이루었다고 할 수 있는 친구가 있다. 그 친구는 30대 중반까지만 해도 두 자녀를 양육하면서 전업주부로서 집안 일을 하고 있었다. 그러나 그 친구도 첫 아이가 태어나기 전까지는 좋은 직장에서 활발하게 직업생활을 했다. 가정에 머무른 지 여러 해가 지나고 아이들이 자라면서 직업이 없는 자신의 생활이 답답하기 짝이 없었고, 마치 이 세상에서 저 멀리 물러나 있는 듯한 느낌이 친구를 참을 수 없게 했다.

그 친구는 강의를 하고 싶었지만 자신을 불러주는 곳이 없었다. 친구는 집에서 혼자 준비를 했다. '만약에 내가 강의를 하게 된다면 이런 강의를 이렇게 할 것이야.' 라고 상상하면서 준비했다. 일 없이 시간은 흘렀고, 사용되지 않은 준비는 친구를 지치게 만들었다. 그러나 계속해서 열망하며 준비하던 중 기회가 왔다. 친구의 꿈을 알고 있던 한 사람이 어느 대기업에서 친구가 준비한 내용으로 강의할 사람을 뽑는다고 힌트를 주었다. 준비가 되어 있던 친구는 주저하지 않고 지원하여 합격했다. 그 후로 15년간 꾸준히 강의하여 지금의 성공에 이르렀다.

그 친구는 자신을 중심으로 자연스럽게 몇 개의 소그룹을 만들었다. 그리고 자신이 일로 만나는 사람들 중에서 서로 뜻이 같고, 마음이 맞고 신뢰할 만한 사람들을 자연스럽게 엮어 주었다. 누구나 네트워킹이 필요하기 때문에 자신에게 네트워킹을 만들어 주는 그 친구를 좋아했다.

그 친구가 만나는 그룹들은 그녀에게 마치 보물단지와도 같다. 그 친구가 사람들을 서로 연결시켜 주는 것은 자신의 유익을 위해서만이 아니다. 예전에 자신에게 길을 제시해 주고, 기회의 문을 열어 주는 사람이 필요했듯이 다른 사람도 그러하리라는 것을 알고 있기 때문이다.

그 친구는 뭔가 알고 싶은 것이 있는데 자신의 분야가 아니어서 정확하게 잘 모를 경우 전화 한 통으로 해결한다. 각 분야의 사람을 골고루 알고 있고, 그 중에는 자신이 알고 싶은 분야의 사람과 연결된 사람이 꼭 있기 때문에 가능하다. 사람은 각 사람을 중심으로 네트워크가 있으므로, 어느 한 사람을 통해서 다른 사람이 알고 있는 정보를 얻을 수도 있다.

한번은 내가 쓰는 책 내용 중에서 선박의 가격을 알면 더 매끄럽게 이야기를 이을 수 있을 것 같아서 그 친구에게 내 생각을 지나가는 말로 흘렸다. 그 친구는 즉시 어디론가 전화를 하더니 선박의 가격을 알아내어 나에게 알려 주었다. 사람은 한두 단계만 거치면 닿지 않을 사람이 없고, 얻지 못할 정보가 없다. 그래서 현대 사회는 접속의 시대라고 하는 모양이다. 그 친구가 지속적인 성공을 하는 이유는 바로 그런 것이었다.

그 친구는 자신의 보물단지를 다루듯 관계를 소중하게 생각하고, 그 단지에 담은 사람들을 소중하게 다룬다. 직업적으로 성공하여 물론 물질적 여유가 있어서이겠지만, 사람들을 만날 때 될 수 있으면 자신이 식사비를 낸다. 이유는 단지 자신이 내고 싶고, 내고 나면 기뻐서이다. 그러나 계산을 해 보면 자신이 식사 비용을 내는 것보다 후일 훨씬 더 많은 물질적 유익까지 얻기도 하는 것을 본다. 식사를 하고 비용을 낼 때면 꼭 화장실에 가든지 머뭇거리는 사람과는 차이가 있다. 그 친구의 그런 태도는 사람들로 하여금 친구의 일을 더 지원해 주고 싶도록 한다. 따라서 친구의 일이 확장될 수밖에 없다. 작은 일에 몸을 추스르는 사람보다 기꺼이 베푸는 사람을 추천해 주고 싶은 법이기 때문이다.

그렇다고 그 친구가 사람들을 만날 때 꼭 일을 염두에 두고 만나는 것은 아니다. 대신 사람들과의 관계를 통한 정서적 안정을 중요시 여긴다. 이익 관계가 얽혀 있는 직업적 만남만 갖는다면 피곤할 것이다. 반면, 서로 좋아하고, 소통할 수 있는 주제로 대화를 나누고, 특별히 이익 관계가 없는 사람과의 만남은 편안함을 준다. 그 편안한 정서적 안정은 직업생활을 더 원활하게 해 준다. 사람은 사회적 동물이어서 더불어 함으로써 얻을 수 있는 인정, 안정, 존중의 욕구가 있기 때문이다.

사실 내가 글을 쓰면서 사회 활동을 하고 있는 것은 나 혼자서 된 것이 아니다. 나 역시 30대에 만나서 이런저런 활동을 함께 했던 사람들 덕분에 지금 다시 출판 관련 일을 할 수 있는 기회를 얻었다. 강의를 하는 것 역시 오래 전에 알고 지내던 사람들의 조언과 기회 제공이 있었다. 어느 누구의 도움 없이 혼자 그 모든 것을 찾고 구하려고 했다면 아마 나의 지금 이 순간은 없을 것이다. 내 주변 사람들은 나 자신에게는 보물과도 같은 사람들이다. 그러므로 나도 다른 사람들에게 보물과 같은 존재가 되려고 한다.

당신의 주변 사람들 모두가 당신을 위해서 존재하는 사람이라고 생각해 보라. '주변 사람이 나에게 상처를 주고 있는데 어째서 그들이 나를 위해 존재하느냐?' 라고 물을지도 모르겠다. 그러나 당신에게 상처를 주는 그 사람조차 생각하기에 따라서는 당신에게 긍정적으로 작용한다. 당신 자신을 다시 한번 되돌아볼 수 있게 하고, 당신을 더 강건하게 만드는 계기를 제공할 수도 있다.

당신과 아무 상관없이 살아가고 있는 사람이라고 해도 당신이 때로 그들의 오가는 모습을 보고, 때로 인사를 하는 사람은 당신의 주변인이다. 그들이 동료여도 좋고, 다른 부서 직원이어도 좋다. 동네 아주머니여도 좋고, 가게 아저씨여도 좋다. 그들을 긍정적인 눈으로 바라보라. 아름답다 생각하며, 좋은 인상을 주고 받아라. 그러면 삶의 터전이 풍요하고, 긍정적이고, 아름다운 곳이 될 것이다.

만약 주변 사람을 싫어하고, 미워하고, 아름답지 않게 여긴다면 당신 스스로 그런 환경 속으로 뛰어드는 것이 되고, 당신의 삶은 황량하게 될 것이다. 주변 사람은 당신의 보물이다. 당신의 마음속 보물단지에 그들을 담아라. 그리고 그들이 잘 되기를 기원하고 축복하라. 그래야 당신도 축복을 받아 잘 살 수 있게 된다. 그들이 잘 되도록 도와주어라. 특히 당신과 가장 가까운 가족이 잘 되도록 도와주어라. 그것이 바로 당신 자신을 돌보고 돕는 길이다.

작은 사람을 세워 주어라 후일 그들이 당신을 정상에 세울 것이다

독일에서 알고 지내던 한 가정은 한국인 아내와 독일인 남편과 그 사이에서 태어난 두 자녀가 있다. 그들은 남는 방이 있어서 막 독일에 온 한국 유학생이나 단기 연수를 온 사람들이 독일에 정착하기까지 잠시 방을 제공하곤 했다. 한때 한국에서 잘 나가던 사업가였노라고 스스로 말하는 한국 여성은 뭔가 사업적 수완이 있는 것도 같았다.

그 여성은 방을 제공하고 그 대가로 돈을 받는 이상 사람들에게 마음으로 잘해 주었다. 귀가 시간이 늦어 집까지 오는 버스가 끊어질 때면 늦은 밤에 지하철 역까지 자동차를 몰고 가서 데려오기도 하고, 새벽녘에 집을 나서는 사람을 위해서는 지하철 역까지 데려다 주기도 했다. 꼭 자신이 해야 하는 일은 아니었지만 기꺼이 하곤 했다. 그 외에도 체류 문제를 상담하거나 처리해 주기도 하고, 언어적 문제로 생기는 의사소통의 어려움을 해결해 주기도 했다. 자신이 잘할 수 없고 모르는 일에 대해서는 주변 사람들을 통해서 도와주기도 했다.

그렇게 마음을 활짝 열고 주변 사람들을 대하다 보니 기회만 되면 그 집에는 항상 사람들이 북적거렸다. 그 여성은 그렇게 모여든 사람들을 위해서 한국 음식을 차려 대접했고, 유학생들이 이국에서 겪는 외로움을 달래주었다. 세월이 지나 유학을 하던 학생들은 학위를 마치고 한국으로 돌아와서 교수로, 음악가로 각자 전공을 따라 자리를 잡았다. 그들은 그 여성과 계속 연락을 하였고, 그들이 때로 독일에 갈 경우 그 여성의 집에 머물렀다. 그들에게는 고향과도 같은 집이기 때문이다.

그러다 그 여성의 두 자녀가 자라서 한국어를 익히기 위해 한국으로 갔다. 그 여성은 한국을 떠난 지 오래 된 터라 자신의 일처럼 그녀를 도와줄 친척도, 친구도 없었다. 그때 자신이 독일에서 도와주었던 사람들에게 전화해서 도움을 청했더니 기꺼이 그녀를 도와주었다. 그녀는 자신을 기꺼이 도와주는 그들이 있는 한국이 독일보다 더 푸근하게 느껴진다고 했다.

옛날에 작은 존재였을 때 도와주고 세워 준 사람들이 후일에 성공하여 그녀를 돕게 되었다. 30대인 당신이 아직 어린 사람을 도와주면 당신이 자녀 교육에서 어느 정도 자유로운 40, 50대가 되어 새롭게 일을 시작할 때, 그들은 이미 자신의 분야에서 자리를 잡고 당신을 충분히 도와줄 입장에 있을 것이다. 그들이 더 낮은 데 있을 때 그들이 일어나도록 도움을 받았을수록 그들은 당신을 더 높이 세워줄 것이다. 그리고 그들이 성공하면 당신이 하고 싶은 일을 할 수 있도록 밀어주고 당겨주게 될 것이다. 꼭 그들이 당신을 도와주지 않아도 마치 부메랑의 법칙처럼 당신은 분명 어느 누구간의 도움을 받게 될 것이다.

지금의 대기업 CEO가 20~30년 전에 어떤 모습이었을지를 한 번 상상해 보라. 지금의 대통령이 어릴 때는 어떤 모습이었을지를 상상해 보라. 지금 평사원이라고 해서 평생 평사원으로 사는 것은 아니다. 평사원일 때 받은 도움은 간부가 되어서도 잊지 않을 것이다. 지금은 보잘것없어 보여도 그 사람이 후일에 어떤 사람이 될지는 아무도 모른다.

그렇다고 해서 남들을 도와주면서 항상 후일에 내가 받을 도움을 생각해서는 안 된다. 사람은 사회적 동물이기 때문에 서로를 통해서 성장하고 발전한다. 내가 도움을 줄 때 나도 도움을 받을 수 있고, 내가 도움을 주어서 이 세상 누군가가 잘 살아가는 것이 결국에는 내가 잘 살아가는 길이 된다. 또한 사람은 사람을 통해서 기회를 얻을 수밖에 없다.

독일에서 피아노를 전공하는 유학생과 플룻을 전공하는 유학생이 서로 잘 지내고 있었다. 플룻을 하는 여학생은 피아노 전공 유학생보다 나이가 훨씬 많고 경험이 많았기에 피아노 전공 학생을 잘 보살피고 가르쳐 주었다. 그리고 함께 작은 연주회를 하기도 했다. 후일 유학을 끝낸 피아노 전공 유학생은 엄청나게 성공한 피아니스트가 되었고, 어쩐 일인지 플룻 전공 유학생은 아직 자신의 분야에서 성공하지 못하고 있었다. 성공한 피아니스트는 자신의 연주회에서 그 플룻 유학생이던 언니에게 특별 연주를 하게 했다. 그 피아노 연주회에서 특별 연주를 했다는 것 하나로 사람들은 그녀를 인정했다. 또 피아니스트는 자신의 잡지 인터뷰 사진을 그 플룻 연주자와 함께 찍으며 그녀를 소개했다. 그러다 보니 플룻 연주자는 사람들의 눈에 띄기 시작해서 자신만의 기회를 잡아갈 수 있었다.

될 수 있으면 주변 사람을 많이 세워 주어라. 당신에게 사람이 필요하고, 기회가 필요하면 다른 사람도 그러할 것이다. 그들을 도와 그들이 자신의 자리에서 우뚝 서도록 해 주어라. 그러면 언젠가 그 혜택이 당신에게 돌아오게 될 것이다. 꼭 그런 혜택을 생각하고 사람을 도와주라는 말은 아니다. 주변 사람이 잘 되는 것이 당신이 잘 되는 것이라는 순수한 생각을 하라. 당신이 부자 나라, 강대한 나라에 살면 당신도 그 혜택을 보게 되고, 당신이 명문 대학교를 졸업하면 졸업 후에도 내내 그 대학교의 혜택을 보게 된다. 대한항공이라는 대기업을 몇 년 다녔다는 것으로 사람들은 20년이 지난 지금도 나를 인정한다.

지금 내 강의를 듣는 사람의 강의를 내가 후일 듣게 될 수도 있고, 지금 내 책을 읽는 사람의 책을 내가 후일 읽게 될 수도 있다. 그래서 나는 특히 대학생들 앞에서나 강사 지망생들 앞에서 강의를 할 때 후일 그들의 모습을 생각한다. 그리고 그들을 20년 후 나와 동행하게 될 사람들로 본다. 그들이 있기에 내가 있고, 내가 있기에 그들이 있기 때문에 그들이 잘 되기를 기원하고, 도울 수만 있다면 돕고 싶다.

지금 현재의 모습 그대로 사람을 판단하지 말라. 미래의 모습을 그리고, 그 모습을 이룰 수 있도록 당신이 만나는 모든 사람을 도와주어라. 그것이 결국 나를 돕는 것이 된다.

내가 하고 있고, 또 계속 하고 싶은 일은 사람들의 잠재 가능성을 키워서 각자의 삶을 잘 살 수 있도록 돕는 것이다. 그들이 잘 살면 나 또한 잘 살기 마련이다. 내 주변 사람이 거지같이 살면 나 역시 마찬가지가 되고, 내 주변 사람이 부자같이 살면 나도 그 혜택을 보게 된다. 모든 여성이 자신이 있고 싶은 곳에서 하고 싶은 일을 하면서 지내면 나 역시 그렇게 지낼 가능성이 많다. 내가 아무리 애를 써도 여성의 힘이 약하면 나의 힘 역시 약할 수밖에 없다.

양잿물도 약으로 쓰일 때가 있다

전문 대학을 나와서 작은 규모의 개인 사업을 하는 사무실에서 별 전문성을 필요로 하지 않는 일을 하던 한 여성이 있었다. 가난한 가정에서 태어나 학교를 졸업하고 직장을 갖고 있다는 것만 해도 자신이 자랑스러웠다. 그러다가 고등학교 시절의 남자 선배를 우연히 만나 사귀게 되었고, 급기야 결혼을 결심하게 되었다. 그 후 남자 선배는 고시에 합격했다. 결혼을 하려고 하자 시댁이 될 남자 선배의 집안 반대에 부닥쳤다.

알고 보니 선배의 집안 사람은 모두가 명문대 출신에 '사' 자 돌림의 직업을 갖거나 사회적으로 지도층에 있었고, 며느리들도 마찬가지였다. 여러 차례의 갈등 끝에 아들의 강한 의지를 꺾을 수 없었던 부모님은 결국 그들을 결혼시켰다. 그 여성은 결혼한 후 다니던 직장을 그만 두고, 시댁으로 들어가 살았다. 그녀는 그때부터 엄청난 상대적 열등감을 느끼기 시작했다. 가족 모임이 있을 때면 더더욱 열등감으로 괴로웠다. 모든 일을 열심히 도맡아 하는 것으로 자신의 부족함을 대신하려 했다. 고상한 태도로 유식한 대화를 나누는 가족들 사이에서 자신은 마치 그 집의 일하는 사람인 듯한 착각이 들곤 했다.

전문 대학 정도면 과거 자신이 자란 환경에서는 과분한 학력이었지만, 이제 공부에 대한 열등감이 생겼다. 그녀는 자녀를 키우고 살림을 하면서도 공부를 하기 시작했다. 그리고 짬짬이 자신이 하고 싶은 일에 관계된 자격증을 땄다. 자녀들이 자라면서 분가를 했고, 아이들이 중학교, 고등학교에 들어가서 자신의 손길을 벗어날 즈음 집에서 할 수 있는 일을 시작했다. 그리고 자신이 원하는 일을 향한 커리어를 조금씩 쌓아 나갔다. 자녀가 대학교에 들어가면 자신도 4년제 대학교에 편입하고 대학원에 다닐 것이라는 꿈을 갖고 분명한 자신의 커리어에 대한 계획을 세웠다.

이 여성은 만약 자신에게 편안함을 주는 비슷한 집안 사람과 결혼하였다면 그 정도면 충분하다고 생각을 했을 것이다. 그리고 아무런 도전의식 없이 편안하게 그냥 그렇게 자신의 잠재능력을 묻어둔 채 살았을 것이다. 그리고 40살이 넘어 미래에 대해 꿈을 꾸는 일은 없었을 것이다. 이 여성은 자신이 겪은 시댁과의 갈등과 상대적 열등감이 도리어 자신으로 하여금 꿈을 갖고 이루게 하는 동력이 되었다고 고마워했다. 이 세상에는 아무 것도 버릴 것이 없다. 열등감이나 무시라는 부정적 감정도 자신이 그것을 어떻게 대하느냐에 따라서 긍정적으로 이끌어 낼 수 있다. 그것이 바로 성공이고, 인생 승리일 것이다.

풍랑을 더 많이 맞은 바닷돌이 더 매끄러운 법이다. 물에 쏠려서 물살과 다른 돌에 부닥치면서 구른 돌이 더 둥근 돌이 된다.

물가에서 그런 매끄럽고 둥근 돌을 보면 눈길이 더 가고 줍고 싶어진다. 나는 환경이 열악하다면 그것으로 내 품성이 매끄러워지리라 생각하고, 주변 사람들이 괴롭힐 때 나로 하여금 성숙한 사람으로 만드는 과정이라고 생각한다.

조각가가 조각을 할 때 먼저 조각할 큰 돌을 구한다. 그 돌을 자신이 원하는 모양으로 만들기 위해 망치로 쳐서 깎아내고, 갈아내고, 파내는 과정을 거칠 것이다. 그 모든 과정을 끝내면 아름다운 하나의 작품을 완성하여 멋진 곳에 전시할 것이다. 그러면 많은 사람들이 보고 감동하게 될 것이다. 그 과정이 바로 우리의 힘든 인생과도 같다고 본다. 우리도 그런 힘든 과정을 통과해서 성숙한 사람이 되어간다.

인생이 힘들다고 내내 한탄하고 투덜거리고, 다른 사람이나 주변에 대해서 불평불만을 늘어놓는다면 그 인생은 더 이상 얻을 것이 없을 것이다. 어떤 경험이나 상황도 그것을 어떻게 생각하느냐에 따라서 약이 될 수도 있고, 독이 될 수도 있다. 그 어떤 것도 긍정적으로 생각하면 분명히 긍정적인 면이 있고, 나에게 긍정적으로 작용한다. 그 반면에 그 어떤 것도 부정적으로 생각하면 부정적인 면이 꼭 있게 마련이고, 나에게 부정적으로 작용한다.

세계 20대 기업 중의 하나인 마쓰시다 전기의 경영자로서 일본 역사상 가장 위대한 경영자로 알려진 마쓰시다 고노스케는 그에게 하늘이 준 세 가지 은혜가 있다고 했다. 그것은 자신이 11살 때 부모님이 돌아가신 것, 어려서부터 건강이 나빴던 것, 초등학교를 중퇴한 것이라고 했다. 그 이유는 어려서부터 의지할 부모님이 안 계셨기 때문에 일찍 철이 들었고, 건강이 나빴던 까닭에 항상 스스로 신체를 잘 돌보아서 건강하게 살게 되었기 때문이라고 했다. 그는 95세까지 장수했다. 또한 자신이 배우지 못한 까닭에 배움에 대해 갈망하고, 조금이라도 배운 것을 실천했다. 그는 자신을 불행하게 한 것이 열악한 환경이라고 탓할 수도 있지만, 바로 그것이 자신을 성공하게 한 선물이었다고 한다. 바로 그런 긍정적 생각이 그로 하여금 성공하게 한 열쇠이다.

나는 전업주부로도 있어보았고, 주부로서 자녀를 양육하면서 일을 하기도 했다. 헤어나지 못할 새장 속에 갇힌 듯한 답답함을 그 속에서 느껴보기도 했고, 사회적 상실감을 맛보기도 했다. 성공한 여성들을 바라보면서 부러워도 해보고, 상대적인 열등감을 느껴보기도 했다. 생활력이 없는 주부로서의 빈곤감도 느껴보았다. 그런 경험을 했기 때문에 나는 30대 여성들의 마음과 처지를 안다. 그들이 무엇을 원하는지를 알고, 그들이 느끼는 벽을 알고 있다. 바로 그것 때문에 나에게 이런 글을 쓸 자격이 주어졌다. 그래서 지나간 모든 힘들었던 순간들이 나에게는 보물과도 같은 경험들이다.

지난 일들과 상황을 어떻게 받아들이느냐에 따라 지금의 삶이 이럴 수도 있고, 저럴 수도 있다. 당신이 원하는 삶은 무엇인가? 그 삶에서 독을 찾지 말고 약을 찾도록 하라.

　당신 앞에 닥친 벽과 어려움, 실패가 있다 해도 그것은 어떻게 사용하느냐에 따라서 약이 될 수도, 독이 될 수도 있다. 삶이 어둡고 칙칙하고 답답하다고 생각이 드는 날에는 그 가운데 최상의 것을 이루어낼 수 있는 방법을 생각하라. 사람마다 상황이 다르기 때문에 답은 하나가 아니다. 그러나 지금부터 당신이 어떻게 잘 살 것인가를 생각하고 그것을 선택하라. 그것이 당신에게 가장 맞는 정답일 것이다.

매들린 올브라이트

체코슬로바키아 출신 망명객이었던 매들린 올브라이트는 처음에는 히틀러를, 그 다음에는 공산주의를 피해 가족과 함께 조국을 떠나 스위스, 파리, 런던으로 옮겨 다녔다. 그리고 11살 때 미국에 도착하여 낯선 곳에서 이민자로서 새로운 삶을 시작하였다.

웰즐리 대학교를 졸업하면서 부유한 언론가 출신의 저널리스트와 결혼했고, 세 딸을 둔 행복한 가정을 꾸려나갔다. 그리고 컬럼비아 대학교에서 박사 학위를 받으며 생애 최고의 행복을 누렸다.

남편과의 만남에 대해 매들린 올브라이트는 '나는 나를 매우 사랑하는 미국인 왕자와 결혼했다.'라며 행복해 했다.

그녀는 박사 과정을 이수하면서 자원 봉사를 열성적으로 하기 시작했다. 학교 기금을 모아 뉴스레터를 만드는 것으로 시작하여 교육에서부터 행정에 이르기까지 다양한 위원회에 모든 자문을 해 주었다. 투표 때는 투표를 장려하는 운동을 하기도 했다. 또한 체코슬로바키아 방문객들에게 아침 식사와 잠자리를 마련해 주었다. 게다가 엄마 노릇도 열심이어서 각종 행사에 필요한 아이들의 드레스나 의상을 직접 꿰매어 만들었고, 아이들 숙제에 신경을 쏟았다.

1970년대 중반까지만 해도 올브라이트의 가정은 행복한 그림이 그려졌다. 가족이 함께 사냥도 하고 스키도 타고, 소유하고 있는 농장을 가꾸면서 주변 땅을 늘려가기도 했다. 함께 산책도 하고, 테니스를 치고, 파티도 했다. 남편에게는 좋은 아내이면서 가장 좋은 친구였다.

그러나 어느 날 저녁 남편이 청천벽력 같은 한 마디를 하였다.

"우리의 결혼생활은 끝났소, 나는 당신보다 더 젊고 예쁜 여자를 사랑하고 있소."

그날 오후 남편은 짐을 싸서 떠나버렸다. 그 말을 들으면서 매들린 올브라이트는 "내가 죽기 전에는 이혼 못 해!" 하며 펄펄 뛰는 통속 드라마 속 여주인공을 떠올렸지만, 그런 입장이 되리라고는 꿈에도 생각하지 못했던 터라 그런 여주인공의 감정이 들지는 않았다.

그녀는 그런 하늘이 무너져 내리는 듯한 갑작스런 변화가 일어난 가운데서도 세상은 계속 돌아가고 있다는 것을 느꼈다. 자신이 혼자가 되었다는 것과 자신이 하던 연구와 일을 계속하는 것과는 별 상관이 없다는 생각이 들었다. 자신이 어떤 상황에 있건 세상은 계속 돌아가고 있고, 자신은 어떻게든 계속 살아가야 하기 때문이었다.

그녀는 45살에 정식 이혼녀가 되었다. 재정적으로는 불편함이 없었지만, 혼자 살아본 적이 없는 그녀는 이제 기혼 여성이 아닌 싱글 여성으로서 이전에는 생각해 본 적도 없었던 새로운 시작을 해야 했다. 세 딸을 가진 '싱글 마더(single mother)'로서의 삶이 시작된 것이다.

무엇을 먹을지, 어디를 갈지, 무엇을 해야 할지, 누구를 만날지 그 모든 것이 남편과 맞물려 있던 의사 결정을 이제 혼자 해야 했다. 그것은 힘든 일이었다. 그러나 안개를 헤치고 길을 가듯 그 모든 것을 하나씩 배우기 시작했고, 우리의 결정이 아닌 자신의 결정을 하면서 그제야 그녀가 좋아하는 것이 무엇이고, 좋아하지 않는 것이 무엇인지를 재발견하게 되었다.

그 상황을 벗어나는 좋은 피난처로서 조지 타운 대학교에서 강의하는 것을 선택했다. 그곳에서 학생들을 가르치고, 도너 위민스 프로그램을 만들고, 젊은 여성들을 위한 역할 모델을 했다. 그녀는 여성들이 국제적인 활동 무대에서 남성들과 경쟁해야 한다면 전에 그 어떤 여성도 직면한 적이 없었던 도전에 맞서 싸울 준비를 하는 교육을 받아야 할 필요가 있다고 믿었다.

올브라이트는 여성들이 정상에 올라선 뒤에 성공의 사다리를 치워 버리지 말고 다른 사람들이 성공하도록 도와야 한다고 강력하게 주장했다. 자신이 하는 일에 있어서는 자신감이 넘치는 그녀였지만, 결혼생활은 그녀의 자신감을 상실시켰다고 한다. 학생들이 어떻게 결혼을 하고 아이를 낳아 키우고 동시에 일을 할 수 있었는지 물으면 결혼생활에 성공하지 못한 그녀는 스스로 사기꾼처럼 느껴졌다고 한다.

천천히 그리고 조금씩 세월이 흘러가면서 고독은 자유로 바뀌었고, 그녀는 의사 결정 능력도 되찾았다. 자신이 원하는 방식대로 집을 사용하는 등 혼자 살아가는 법을 터득했다. 누구와 말을 하지 않고도 토요일을 보낼 수 있었고, 농장에서 홀로 밤을 보낼 수도 있었다. 혼자서 콘서트나 오페라 공연에도 가고, 책 한 권을 친구 삼아 혼자서 식당에 갈 수도 있었다. 그렇게 열심히 살아가던 중 1997년 클린턴 대통령으로부터 "매들린, 당신이 국무 장관이 되어 주길 바라오."라는 제안을 받고 여성으로서는 최초의 미국 국무 장관에 취임했다.

내가 원하든 원하지 않든 나의 주변 환경은 나의 삶과 더불어 흘러가게 된다. 그 주변 환경이 나의 삶을 일으켜 세우는 작용을 하느냐, 그 반대의 작용을 하느냐는 나의 결정에 달렸다. 나의 주변이 장밋빛이라고 해서 꼭 유익을 주는 것도 아니요, 나의 주변이 잿빛이라고 해서 해를 끼치는 것도 아니다. 올브라이트와 같이 그 어떤 환경일지라고 모든 것이 합해져서 좋은 것을 이룬다는 믿음이 있다면 그 장밋빛은 나에게 축복이 될 것이요, 그 잿빛은 찬란함 바로 직전에 있는 어둠으로서 더 큰 축복으로 향하는 문이 될 것이다.

CHAPTER *09*

여자 30대, 아무도 당신에게
부를 가져다 주지 않을 것이다
스스로 부를 만들어 나가라

젊음 그 자체가 명품이 아니겠는가?
30대 젊은 나이에 명품을 갖고, 중년에 초라한 모습으로 사느니
지금은 젊음으로 치장하고
나이가 들어 명품을 갖는 인생이 더 낫지 않을까?
그러기 위해서는 자신의 돈을 관리하는 방법을
구체적으로 배워야 할 것이다.

피뢰침을 없애라 돈벼락이 당신을 향해 초고속으로 달려올 것이다

돈에 대해서 부정적으로 생각하는 것은 돈이 자신에게 오지 못하고 피해서 가도록 피뢰침을 다는 것과 같다고 나는 생각한다. 아무리 돈이 당신을 향해 오고 싶어도 당신이 가진 그 피뢰침 때문에 돈은 항상 당신을 피해서 지나갈 것이다. 그럴 때면 '다른 사람들은 다 되는데 나는 왜 이럴까?', '나는 운이 없나 봐!' 하면서 의기소침하기 쉽다. 그리고 더더욱 자신을 피해 지나간 돈에 대해서 부정적인 생각을 하기 마련이다. 돈이 자신의 것이 아니라고 생각하는 것이 마음이 편안하기 때문일 것이다.

나는 어느 때부터인지 알 수 없지만, 돈에 대한 피뢰침을 달고 다녔던 것 같다. 나는 돈이 없어도 올바른 정신과 정직한 마음을 가지고 다른 사람에게 피해를 주지 않고 열심히 사는 모습을 더 좋게 생각했다. 돈이 없는 사람이 검소하면서 성실하고 자신감을 가지고 자신이 선 곳에서 일하고 있는 모습이 더 낫다고 생각했다.

아마도 그 당시 한동안 나에게 주어진 물질이 없었기 때문에 그렇게 생각해야 마음이 편안할 것 같아서 합리화를 하고 있었는지도 모른다. 돈이 없는 공백을 성실과 정직으로 메우려고 하는 심리는 아니었는지 모르겠다. 그러나 지금은 돈이 있으면서도 올바른 정신과 정직한 마음을 갖는 것이 더 어렵다는 것을 알기 때문에 그것이 더 값지지 않을까 하는 생각으로 바뀌었다.

30대에 내가 두 자녀를 양육하면서 경제적으로 빡빡하게 살고 있을 때 어머니는 항상 말씀하셨다.

"너는 만 원을 다른 사람의 백만 원 같이 쓴다."

물론 내가 물질을 그만큼 귀하게 여기고 가치 있게 사용하는 것을 칭찬하는 뜻도 있었지만, 어차피 없는 것 그렇게라도 말하는 것이 더 위로가 된다고 생각하셨을 것이다. 그 말은 나에게 '그러니 너는 만 원만 있어도 돼!' 라는 뜻으로 마음속에 스며들곤 했다.

또 어머니께서는 말씀하시곤 했다.

"세상은 참 공평해! 돈이 있으면 배운 것이 없고, 배운 것이 많은 사람은 돈이 없어!"

"많이 배운 사람 중에서 돈을 많이 버는 사람 없더라. ○○, ○○를 봐라. 그렇게 많이 배우고 훌륭한데 돈이 없잖아!"

그 말은 '너는 많이 배웠으니까 돈이 없을 수밖에 없어. 배운 것으로 보상을 받았으니까 돈은 포기해. 너하고 돈은 상관이 없어.' 라는 말로 받아들여졌다. 은연중에 듣곤 하던 그 말이 내가 정말로 물질적으로 쪼들릴 때 그대로 받아들여져 위로가 되곤 했던 것 같다.

신앙인으로서 자주 듣는 말이 있었다. '일만 악의 뿌리가 되는 것이 돈'이고, '자신이 가진 것에 족한 줄 알라'는 말이다. 나는 돈 많은 사람이 죄를 짓는 사례를 들면서 돈은 죄와 직접적으로 연결이 된다는 생각을 계속적으로 불어넣었다. 듣게 되면 믿게 되는 법, 나는 어느새 돈 없는 사람이 깨끗하다는 선입견을 가지게 되었다.

법관으로서 최고 자리에 이른 사람의 청빈함을 칭송하는 말을 들은 적이 있다. 70세가 가까운 그는 현재 자신이 사는 82.6평방미터(25평) 아파트와 아내의 명의로 된 통장에 천만여 원 있는 것이 총 재산이라고 했다. 그 말을 듣고 나는 다른 생각을 했다. 평생 법관을 지냈고, 최고 직위까지 이르렀으면 보통 사람이 받는 이상의 월급을 받았을 것이다. 그런데 돈 관리를 얼마나 엉망으로 했기에 은퇴할 시기에 그 정도 재산밖에 모으지 못하고 노후 대책도 전무한 상태에 있는지 이해할 수가 없었다. 그 사람이 재산이 없는 것은 자신의 물질을 관리하는 능력 부족이라고 생각한다.

주변에서는 갑자기 땅값이 올라서 부자가 된 사람들을 '졸부'라는 이름을 붙여서 부정적으로 말하곤 한다. '그렇게 해서 번 떼돈은 제대로 잘 쓰는 사람이 없다.'는 식으로 말한다. 갑자기 부자가 되긴 했지만, 자신이 누릴 것은 누리고, 사회에 환원할 것은 환원을 하고, 주변을 돕는 사람도 분명 있을 것이다. 그러나 그런 사람에 대해서는 별로 입에 오르내리지 않고, 그런 사람들이 부정적인 일을 하면 그것만 크게 부각시켜서 말한다. 그래서 사람들은 또 다시 돈에 대해 부정적인 인식을 은연중에 하는 것 같다.

돈 때문에 가족에게 나쁜 행동을 하고, 가족 간에 우애가 흐트러지고, 떠들썩하게 재판을 하면서 얼굴을 붉히는 사건들도 심심찮게 볼 수 있다. 돈을 갖고 우애 있게 잘 사는 집도 많겠지만, 그런 가정에 대해서 매스컴은 관심도 없다. 조금만 부정적인 사건이 터지면 그것만 대두시킨다. 그래서 돈에 대한 이미지는 더욱더 부정적이 된다. 돈과 우애는 서로 어울리지 않는 것처럼 인식된다.

이러한 것들을 인식하기 시작하면서 나는 나를 지배하고 있던 돈에 대한 부정적 이미지를 거두었고, 지금도 계속적으로 거두려고 노력하고 있다. 그래서인지 지금 나의 물질적 범위는 점점 더 넓게 확장되고 있는 것을 느낀다. 그리고 어쩌면 물질적 자유함을 마음껏 누리게 되지 않을까 하는 희망도 갖는다.

돈이 있다고 꼭 수전노가 되는 것도 아니고, 돈이 있다고 꼭 범죄하는 것도 아니다. 돈이 있다고 정직하지 않은 것도 아니고, 돈이 있다고 깨끗하지 않은 것도 아니다. 그럴 수도 있고, 아닐 수도 있는 것은 삶의 어떤 부분이건 마찬가지이다.

돈은 좋은 것이다. 나에게 교육의 기회를 주고, 나와 자녀들이 필요한 것을 채워준다. 그리고 삶을 윤택하게 해 준다. 돈은 나로 하여금 내가 하고 싶은 일을 하도록 돕는다. 내가 돈이 없으면 삶에 필요한 돈을 벌어야 하기 때문에 내가 하고 싶은 일을 하지 못할 수도 있다. 그러나 돈이 있으면 내가 하고 싶은 일을 하고, 하고 싶지 않은 일을 하지 않아도 된다. 자유로움을 누리게 되는 것이다.

돈을 버는 일과 재테크를 하는 일은 남자들이 하는 것이라는 인식을 갖고 있는 여성들이 많다. 그 생각이 바로 스스로에게 돈이 다가오지 못하도록 피뢰침을 세우는 주범이다.

나도 돈을 벌 수 있다는 생각을 갖는 것이 먼저이고, 어떻게 내가 돈을 벌 수 있을까를 생각해야 한다. 그러기 위해서는 돈에 대해서 배우고 알아야 할 필요가 있다. 그래야 돈이 어디에 있는지를 알고, 돈이 흐르는 길을 알 수 있다. 또한 돈을 가질 수 있고, 돈에 대해 자립할 수 있고, 자유로울 수 있다. 내가 돈에 대해서 모르면 돈이 나를 노예로 삼을 것이다.

돈에 대한 어떠한 생각이 돈이 당신을 피해가게 하는 피뢰침인가? 그것을 치워 보라. 돈은 당신을 향해 급속도로 달려올 것이다.

달콤한 인생을 원하는가 그러면 당신만의 통장을 가져라

여성들에게 자신만의 통장을 만들라고 하는 글을 읽고 반기를 드는 남성이 있다면 이 시대의 흐름에 한 세대쯤 뒤쳐져 있는 것이 분명하다. 그는 이 시대의 흐름에 제대로 동승하기 위해서 많이 분발해야 할 것이다. 남편이 돈을 잘 벌기 때문에 생활비를 충분하게 주고, 자신이 필요하다면 언제든지 얼마든지 돈을 주기 때문에 갖고 싶은 것을 모두 가질 수 있고, 하고 싶은 것을 모두 할 수 있는 여성이 있다면 축하한다. 그런 여자들은 구태여 자신이 통장을 따로 가질 필요가 없고, 특히 남편이 모르는 통장은 가질 필요가 전혀 없다고 생각할 것이다. 그러나 그런 여성이야말로 이 책을 더 꼼꼼하게 읽어야 할 것이다.

한 여성이 남편이 잘 나가던 직장을 잃게 되었다는 청천벽력 같은 소식을 들었다. 사실 직장에서 쫓겨날 정도의 큰 일도 아니었는데, 회사가 감원을 해야 하는 시점에서 하필 남편이 맡은 일에 문제가 생겨서 결국 남편이 그 책임을 지고 직장을 잃게 되었다. 30대 중반에 몇 푼 되지 않는 퇴직금을 받았지만, 그야말로 빈손으로 나온 것이나 진배 없었다.

당시 융자를 받아서 전세를 살고 있었고, 월급에서 융자를 갚아 나가고 있었다. 조금만 사정이 나아지면 집을 마련할 생각을 했었다. 수입이 없이 몇 달을 지내면서 일을 구하러 다니다 보니 퇴직금도 거의 바닥이 났다. 이제 당장 다음 달 융자금과 교육비, 생활비를 걱정하는 실정이 되었다. 남자는 육체 노동이라도 해야 할 지경에 이르렀다.

그때 아내는 자신이 비축해 두었던 통장을 남편에게 내밀었다. 아내는 남편에게 좀 시간을 갖고 남편이 정말로 원하는 일을 준비하고, 장래성과 가능성 있는 일을 찾아보자고 했다.

사실 남편은 예전에 다니던 직장이 적성에도 맞지 않고 꼭 하고 싶은 일도 아니었지만, 돈을 벌어야 했기 때문에 그냥 다녔다. 남편은 이참에 자신이 원하는 일의 기술을 배워보기로 했다. 그리고 기술을 배워 자격증을 땄고, 자신이 원하던 직업을 구했다.

남편은 어려울 때 자신에게 경제적 지원을 해 준 것도 그렇지만, 자신이 원하는 일을 찾도록 지원해 준 아내가 생명의 은인과도 같다며 고마워했다. 돈이 없어 자신이 하고 싶은 일을 하지 못하면 돈의 노예가 된다. 그러나 아내는 남편을 그 상황에서 해방시켜 주었다.

어느 날 동네에 알고 지내던 여성이 찾아와서 눈물을 흘리며 하소연했다. 남편이 바람이 난 것을 알았다는 것이다. 그녀는 그 사실을 남편에게 말하지 못하고 가슴앓이만 하고 있었다. 남편에게 자신이 그 사실을 알고 있다고 말할 경우 둘 사이가 극한 갈등에 이르게 될 것이고, 헤어지게 될지도 모른다고 했다. 그럴 경우 자신은 돈이 없기 때문에 6살 된 딸과 함께 살아갈 도리가 없다고 했다. 남편이 바람을 피운다는 자체보다도 돈 때문에 자신이 하고 싶은 말도 못 하고, 하고 싶은 행동도 못 한다는 것이 한탄스러워 눈물을 흘렸다.

그 여성이 어느 정도의 경제력이 있었다면 그렇게 자존감이 상하지는 않았을 것이다. 만약의 경우 자립할 수 있다는 자신감도 생겼을 것이다. 자신이 하고 싶은 말도 하고, 행동도 할 수 있었을 것이다. 돈 때문에 정말로 함께 살 수 없는 남자와 살아야 한다면 여성으로서, 인간으로서 자존감이 몹시 손상된다. 자신만을 위한 돈은 세상이 나를 속이고, 남편이 나를 속일지라도 큰 위로가 될 것이다.

돈을 어느 정도 갖게 되면 마음이 든든해진다. 그러면 몸에서 빈곤이라는 부정적인 에너지가 물러간다. 그 돈을 쓰고 쓰지 않고가 문제가 아니다. 그저 자신에게 물질적 여유가 있다는 것을 느끼는 것만으로 충분하다. 물질적 여유는 마음에서 몸으로 풍겨져 나오고, 당신에게 또 다른 풍요로움을 끌어들이는 에너지가 될 것이다.

대학교에 들어가자마자 어머니는 나를 은행에 데리고 가서 통장을 만들어 주셨다. 아주 적은 돈이었지만 나는 정기적으로 저금을 했는데, 1년이 지나자 내가 처음으로 만져보는 액수의 목돈이 통장에 있는 것을 보고 흐뭇해서 마치 큰 부자가 된 듯했다.

그 후 졸업을 하고 직장을 다녔다. 승무원으로서 외국에 다닐 때 주변의 많은 동료들은 비싼 명품을 많이 구입했다. 나 역시 돈에 별 구애받지 않고 명품을 사기는 했지만, 어릴 때부터 저축을 하던 습관이 있어서 나는 내가 쓰겠다고 정해 놓은 이상의 지출은 하지 않았다.

직장을 다니는 내내 수입의 어느 정도는 꼭 저축을 한 결과 퇴직 후 퇴직금과 은행 잔고를 합하고 어느 정도 융자를 받아서 작은 아파트를 살 수 있었다. 그 아파트에서 내가 살지는 않았지만, 나에게 한 물질적인 공간이 있다는 생각 자체가 나로 하여금 마음이 빈곤하지 않게 했던 것 같다. 그때의 저축이 후일 나를 다시 일으켜 세워 주고, 중년이 된 나에게 경제적 자유의 물꼬를 터 주는 계기가 되었다.

물론 30대의 나이에 쓰고 싶은 것도 많고, 하고 싶은 것도 많을 것이다. 명품을 꼭 갖지 않으면 어떠랴. 젊음 그 자체가 명품이 아니겠는가? 30대 젊은 나이에 명품을 갖고, 중년에 초라한 모습으로 사느니 지금은 젊음으로 치장하고 나이가 들어 명품을 갖는 인생이 더 낫지 않을까? 그러기 위해서는 자신의 돈을 관리하는 방법을 구체적으로 배워야 할 것이다.

한 3년 전에 독일에서 한국으로 돌아오자마자 우연히 적립식 펀드를 했다. 매달 적은 액수였지만 시작을 했다. 그리고는 잊고 있었다. 그런데 얼마 전 그 펀드 통장의 잔고를 보고 깜짝 놀랐다. 뭔가 시작을 할 수 있을 정도의 종자돈이 되어 있었다. 은행에서 돌아오는 길에 큰 부자가 된 것 같았다. 통장에 돈이 쌓여가는 것을 느끼는 것만으로 마음은 풍요해진다. 그것을 쓰지 않아도 그럴 것이다. 마치 자신의 좋은 친구를 가진 것 같고, 비상시에 도와줄 지원자를 가진 것 같을 것이다. 마음이 우울하거나, 삶이 나를 배반하고, 가장 믿고 있던 가족이 나를 슬프게 하는 날에 나만의 물질적 여유가 있다면 그 슬픔을 더 쉽게 박차고 나갈 수 있을 것이다.

극장에 가서 영화를 볼 수도 있고, 스카이 라운지의 전망 좋은 창가에 앉아서 은은한 음악을 들으며 비싼 차를 마실 수도 있을 것이다. 친구를 불러 내어 '오늘 내가 한번 쏠 게!' 하면서 보통 때 친구와 가던 곳보다 좀 더 멋진 곳에서 저녁 식사를 할 수도 있을 것이다. 우울과 슬픔을 쫓아낼 수 있다면 그럴 때 치르는 비용은 결코 아깝지 않다.

이 글을 읽는 많은 30대 여성들이 '도대체 아이 과외비, 생활비, 경조사비 등 너무나 빠듯한, 뻔한 생활에서 내가 개인 통장을 어떻게 가져?' 라고 생각할지도 모른다. 그러나 거기에서 10%나 5%만 줄여보라. 그래도 사는 데는 큰 지장이 없다. 조금씩 저축을 하면 그 당시에는 별 것 아닌 것으로 여겨질지 모른다. 그러나 어느 정도 시간이 흐르면 마치 손으로 뭉친 눈덩이를 눈밭에 굴려야 할 때와 같은 시기가 올 것이다. 그 모인 돈 자체가 참 중요하다. 나도 경제력이 있다는 생각으로 당신의 삶을 풍요롭게 해 줄 것이다.

땅이 깊은 곳에 물이 고인다는 것을 기억하라

어떤 일을 처음 시작할 때는 그 일에 대한 물질적 보상이 많이 오지 않는다. 돈이라는 것은 내가 그 일에 기여한 데 대한 눈에 보이는 대가일 것이다. 기여가 크면 클수록 돈의 액수도 크기 마련이다. 일을 배우고 조금씩 적응하는 시기에는 기여도도 작기 때문에 그에 대한 보상도 크지 않다. 그러나 한 가지 일을 오래하다 보면 실력과 능력도 커지게 되고, 노하우도 쌓이게 된다. 시간이 흐르면서 꾸준히 노력하다 보면 그 일로 인한 물질적 보상이 점점 많아지게 될 것이다. 그만큼 물질을 쌓을 그릇이 커졌기 때문이다.

나는 번역을 해 왔고 지금도 번역을 하여 약 10권 정도의 번역서를 출간했다. 그리고 이제 주로 나의 책을 쓰고 있다. 이 책이 출간된다면 9번째 책이 된다. 그 9권의 책을 쓰는 동안 나는 책을 어떻게 쓰는 것인지에 대한 노하우가 생겼고, 생각의 폭과 깊이가 날로 넓고 깊어져 가고 있다. 나는 지금이 시작이라 생각하고 계속해서 책을 쓸 것이다. 분명 5년, 10년이 지난 후 나의 생각의 폭과 깊이는 지금과는 비교할 수 없을 정도가 되어 있을 것이다. 그때는 지금과는 비교할 수 없을 정도로 나의 책을 좋아하는 사람들이 많아질 것이고, 그만큼 나는 보상을 많이 받게 될 것이다.

젊을 때는 마치 돈이 손가락 사이로 빠져 나가듯이 쓸 곳도 그렇게 많은 듯 하다. 돈 관리에 대해서 서툰 탓도 있을 것이다. 돈에 대해서 알고, 돈의 흐름을 알고, 돈을 어떻게 관리해야 한다는 것을 아는 것은 자신의 그릇을 만들고 지키는 것이다. 그릇에 구멍이 뚫려 있다면 물을 부어도 새는 것이 당연하듯이 돈도 주머니에 구멍이 뚫려 있으면 알게 모르게 그 구멍으로 빠져나가게 된다. 그러므로 돈을 관리하는 능력 또한 중요하다.

돈을 관리하는 것이 중요한 만큼 자신의 재능과 그 재능에 따라 하는 일을 관리하는 것 또한 중요하다. 지금 그 일에 대한 보상이 만족스럽지 않다고 해도 비전을 갖고 그 폭과 깊이를 넓힌다면 돈으로도 보상을 받을 것이다.

30대에는 직업생활을 한다고 해도 자녀를 낳고, 가정 살림살이를 하다 보면 돈이 쌓이지 않는다. 그러나 빚으로 자녀들을 해외 연수나 유학을 보내는 것과 같은 무리수를 두지 않고 생활한다면, 자신의 보수에 맞추어서 생활하고 어느 정도 저축을 하면서 살아간다면, 40, 50대가 되어 집도 장만하게 되고, 통장의 숫자도 길어질 것이다. 즉 물질적 깊이가 깊어지게 될 것이다.

물이 땅이 깊은 곳으로 흘러 들어가듯이 돈도 돈을 담을 그릇이 있는 곳에 흘러 들어간다. 돈이 많을수록 그릇은 더욱 커지게 된다. 그래서 돈이 많을수록 돈이 더 모이게 된다. 부의 그릇은 여러 가지가 있을 것이다. 부를 가질 만한 넉넉한 마음일 수도 있고, 부를 관리하는 능력일 수도 있다. 자신의 지식과 능력일 수도 있다. 어쨌든 부의 그릇이 크면 클수록 돈은 더 많이 채워질 것이다.

돈이 많이 있어도 다른 사람과 식사를 할 때 식사비 내는 것을 아까워하는 사람이 있다. 그런 사람은 돈은 있으나 부자가 아니다. 써야 할 곳에 돈을 쓸 줄 모르는 사람에게서 돈은 떠날 준비를 하고 있는지도 모른다.

내게는 마음이 참 부자인 친구가 있다. 대학을 졸업한 후 각자의 삶을 살다 보니 서로 소식이 끊긴 채 20년 이상을 지내다가 만나게 되었다. 이제 막 중년의 제 2의 인생을 시작하고 있는 나에게 식사를 하건, 그 무엇을 하건 한 푼도 쓰지 않도록 알게 모르게 배려를 했다. 물론 그 친구는 돈도 많지만 마음도 부자이다. 그런 넉넉한 마음을 가졌기에 부자가 되지 않았나 생각했다.

그래서 나도 될 수 있으면 부자의 마음을 갖고 다른 사람과 식사를 하거나 어떤 비용을 지불할 때 가능하면 내가 내려고 한다. 물이 흘러가듯 당신의 물질이 고여있도록 하지 말라. 고여 있는

물이 썩게 되듯이 물질도 마찬가지이다. 물이 자주 흐르고, 급하게 흐를수록 땅이 깊어지게 되듯이 당신의 부가 필요한 곳으로 흘러가면 갈수록 부의 그릇도 깊어지게 될 것이다.

사람들은 돈이 필요하다고 하고, 돈이 많았으면 좋겠다고 하면서도 그 돈에 대해서 알려고 하지 않는 경향이 짙다. 깜깜한 밤이 두려운 것은 그 속에 무엇이 있는지를 모르기 때문이다. 지식이 없으면 두려움이 생기듯이 돈에 대해 모르면 돈을 버는 것에 대해서도 두려운 마음이 드는 법이다.

돈이 무엇이고, 돈을 어떻게 버는 것인지에 관심을 가지고 배우라. 모든 것이 그냥 되는 것은 아니다. 다른 것은 돈을 들여 배우면서 정작 필요한 돈에 대해서는 배우지 않고, 가지기만을 원하니 돈이 올 리 만무하다. 강의를 듣고, 책을 찾아 보고, 신문과 텔레비전에 나오는 경제 정보를 잘 수집해 보라. 이 세상의 돈이 어디로 흘러가고 있는지 대충 감을 잡을 수 있을 것이다.

큰 눈사람을 만들기 위해서는 먼저 눈을 손 안에 넣고 꼭꼭 뭉쳐야 한다. 그리고 그 작은 눈덩이를 눈 위에 굴려야 한다. 처음에는 한 손에 들어오는 작은 눈덩이였지만 갈수록 눈덩이는 커진다. 어느 정도 눈덩이가 커지면 눈 위에 놓고 그냥 눈덩이를 밀기만 해도 커다랗게 만들어진다. 손 안에 들어오는 작은 눈덩이가 없으면 커다란 눈덩이도 만들어지지 않는다. 어느 정도의 종자돈을 만들고 나서 재테크에 대한 지식을 갖고, 현재 돈의 흐

름에 따라 재테크를 시도해 본다면 그 종자돈은 점점 자라나게

될 것이다. 종자돈이 크면 클수록 자라나는 범위와 속도도 더욱

커질 것이다.

a successful woman 앙겔라 메르켈

서독 출신이었던 앙겔라는 어린 시절에 목사인 아버지를 따라 노동자와 농민의 도시인 동독의 한 작은 도시 템플린에서 자랐다. 그녀의 아버지가 동독에서는 반체제 인사로 취급되었던 목사였기 때문에 자연히 앙겔라도 외톨이로 자랐다. 동독에서 기독교적 교육을 받는다는 것은 비난과 따돌림을 받는 동기가 되었다. 베를린 장벽이 세워지던 1961년에 초등학교에 입학한 앙겔라는 목사의 딸이기 때문에 다른 사람들보다 많은 것을 더 잘해야 한다는 어머니의 교육 신념 하에 학교 교육 외에도 폭넓은 교육을 어머니로부터 받았다.

그 가운데서 비교적 평범한 학창 시절을 보낸 앙겔라는 1973년 라이프치히에서 물리학을 공부하기 시작했다. 그녀는 특히 호기심이 많았고, 지식에 대한 욕구가 강했다. 또한 사람 만나는 것을 좋아했고, 여행을 자주 다녔다.

그러다 앙겔라는 러시아에서 울리히 메르켈을 만나 결혼했다. 비판적이고, 활동적이며, 모든 일에 신중하면서도 열정이 있었던 앙겔라와는 달리 조용하게 자신의 생활을 즐기기를 좋아하는 남편은 그녀와 큰 성격 차이가 있었다. 결국 두 사람은 멀어지게 되었고, 별거를 거쳐 5년간의 결혼생활을 끝내게 되었다. 그로부터 오랜 후인 1998년에 그녀는 학문적 동료이자 가까운 친구였던 요아힘 자우어 박사와 결혼했다.

1985년에 앙겔라 메르켈은 박사 학위를 받고, 동베를린의 과학 아카데미에서 물리학 분야의 연구원으로 일했다. 그녀가 35살이던 1989년에 동서독이 통일되면서 베를린 장벽이 무너졌다. 그 무렵 그녀는 정계에 첫발을 내디뎌 35세의 나이에 정치에 입문하자마자 동독 정부의 마지막 대변인이 되었다. 그 다음 해인 36세 때는 총리인 헬무트 콜 내각의 여성 청소년부 장관에 임명되고, 44세에 기민당 사무총장, 45세에 기민당 당수가 되었다. 그리고 48세에 기민, 기사당 연합 원내 의장이 되었다.

정치에 입문할 당시 앙겔라 메르켈은 정계에서 '어리벙벙한 앙겔라' 라고 불렸다. 그러나 해를 거듭할수록 그녀의 똑똑함은 모습을 드러냈고, 정치적 육감과 적절한 타이밍을 찾을 줄 아는 힘을 나타냈다. 그로부터 15년 후 그녀는 '완벽한 정치'를 실현하겠다는 모토를 내세우며 독일의 최고 권력자인 총리가 되었다. 그녀가 독일의 총리가 되기 몇 해 전까지만 해도 여성인 그녀가 총리가 될 줄은 아무도 상상하지 못했다. 남자들이 권력을 장악하고 있는 독일에서 여성이 총리가 된다는 것은 불가능한 일이었다.

앙겔라 메르켈은 별 색깔 없이 무미건조하며, 외모도 별 볼

일 없고, 표정도 침울해서 사람들에게 '동독 출신의 시골 여인' 정도의 이미지로 인식되었다. 그녀의 정치적 커리어가 높아갈수록 그녀의 외모와 의상에 대한 언론의 흠집내기는 소리가 높여졌다. 그러나 이에 동요함이 없이 그녀는 촌스러운 모습으로 언론에 나타나 자신의 정치적 주장을 당당하게 표출하곤 했다.

자신의 외모에 대한 공격에 아랑곳하지 않고 전혀 반응을 보이지 않던 그녀는 자신이 총리 후보로서 입지를 확인한 즈음에 새로운 이미지 변신을 꾀했다. 머리와 화장 스타일을 완벽하게 바꾸고, 웃기도 하고, 농담도 하면서 편안한 인상을 주려고 노력하며 '새로운 메르켈'의 이미지를 꾀했다. 그녀는 예전과는 달리 열린 마음으로 대중들을 찾아 나서고, 대중 속에 뛰어드는 이미지로 부정적으로 인식된 예전의 이미지를 개선하려고 했다.

메르켈은 이미지 개선과 더불어 그녀 특유의 신중하고 사리 밝은 태도를 굳건하게 하여 결국 총리 자리에 올랐다. 동독의 물리학자이면서 두 번의 결혼 경력을 가진 여성, 아이를 갖지 않은 여자, 동독 정부 최후의 대변인 등으로서 범상하지 않은 삶을 뛰어넘어 2005년 11월 22일에 총리에 공식 취임함으로써 독일 역사상 최초의 여성 총리, 통일 이후 동독 출신 첫 총리, 전후 최연소 총리라는 화려한 수식어를 얻게 된 것이다.

총리 취임 이후 메르켈에 대한 지지도는 급격하게 상승해서 독일 정치인 중 최고의 인기를 얻었다. 여성이며 동독 출신이라는 약점을 극복하고 총리에 오른 그녀는 판단력 있고 결단력 있는 독특한 리더십으로 독일에 산재한 문제들을 풀어가려고 노력하면서 세계의 이목을 받고 있다.

그녀가 정치에 입문하여 총리가 되기까지 걸린 15년은 30대에서 50대로 향하는 과정이었다. 어떻게 그녀는 15년이라는 짧은 기간 안에 독일의 총리가 될 수 있었을까? 그녀의 내부에 있는 무엇이 그녀로 하여금 그런 권력의 중심 자리에 오르게 했을까? 그녀는 자신의 현재 자리에 만족하지 않고 더 높은 인생의 기준을 가지고 있었을 것이다. 그리고 할 수 있다는 자신에 대한 믿음이 있었을 것이고, 그 자리까지 오도록 한 어떤 전략이 있었을 것이다. 나는 15년 후에 어떤 인물이 되어 있을까? 그리고 당신은 15년 후에 어떤 인물이 되어 있을까?

금전욕은 모든 악의 근원으로 여겨지고 있다.
그러나 돈이 없는 것도 이 점에서는 똑같다.   - 버틀러 -

금전은 무자비한 주인이지만, 유익한 종이 되기도 한다.   - 유태격언 -

돈은 악이 아니며, 저주도 아니다.
돈은 사람을 축복하는 것이다.   - 탈무드 -

악의 근원을 이루는 것은 돈 자체가 아니라 돈에 대한 애착인 것이다.
                                              - 스마일즈 -

CHAPTER *10*

여자 30대, 모두가 당신의 시간을 빼앗으려고
호시탐탐 노릴 것이다
시간은 생명이다 최대한 활용하라

한 시간을 세 시간처럼 사용해 보라.
한 가지 일을 해도 세 가지 효율성을 만들어 보라.
그러면 후일 당신이 40대가 되고 50대가 되어서 지금과 같은 젊음과
건강이 없을 때 훨씬 더 여유 있는 삶을 즐길 수 있을 것이다.
지금 시간을 아껴 알뜰하게 사용하는 것이
이후의 삶을 위한 시테크라는 것을 생각하라.

오늘이 내 삶의 마지막 날이라면

어떤 사람이 사업을 해서 엄청난 성공을 이루었다. 돈을 많이 벌고, 사업이 번성하여 세상에서 부러울 것이 없을 정도였다. 그는 자신의 돈을 생각하면서 이제 최고의 것을 먹고, 마시고, 대궐 같은 집에서 잠을 자고, 별장을 짓고, 최고급 명차를 타는 등 부귀영화를 누릴 것만 남았다고 생각하니 웃음이 저절로 나왔다. 이제 그에게는 더 이상 이룰 것도, 해야 할 것도 없었다. 그냥 쓰고 누리기만 하면 된다. 돈 관리를 하지 않아도 된다. 그냥 은행에 놔두기만 해도 그 돈은 불어나고 또 불어난다. 마지막으로 그 모든 통장을 쌓아두기 위한 튼튼하고 커다란 금고만 있으면 된다. 그는 자신의 금고를 집으로 들여오는 것을 보면서 흐뭇한 미소를 지었다. 그리고 그날 대궐 같은 집에서 미소를 지으면서 잠이 들었다. 그 다음날 아침 그 사람은 깨어나지 않았다. 누리고 즐기면서 영원히 살 것 같은 그의 꿈은 물거품이 되어버렸다.

달리기는 단거리 또는 장거리에 따라 정해진 거리가 있다. 출발점에서 시작을 해서 결승점까지 달리면 끝이다. 누가 그 결승점에 먼저 도착하느냐에 따라 상이 주어진다. 그러나 인생은 그 길이가 정해져 있지 않다. 각자 다른 결승점이 있고, 그 지점을 모른다. 모두가 태어나면서 '응애!' 하는 울음소리와 함께 생을 시작한다.

평균 수명이 지금은 80세쯤인데, 앞으로는 20~30년이 더 늘어나서 100세에 육박할 것이라고 한다. 그러나 1년을 살지 100년을 살지는 아무도 모르는 채 삶을 출발한다. 우리가 아는 진실이 있다면 각자 자신의 삶의 길이가 다르다는 것이다. 자신이 살아온 만큼 삶은 짧아진다는 것이고, 언젠가는 우리 모두 이 세상을 떠난다는 것이다. 오늘이 내 삶의 마지막 날이 될 수도 있다는 것이다. 당신은 오늘이 당신의 삶의 마지막 날이라면 어떻게 하겠는가?

'오늘이 내 삶의 마지막 날이라면!'

이런 생각으로 아침에 잠에서 깨어난다면 남편에게 미소 띤 얼굴로 축복의 말을 해 줄 수 있고, 오늘 하루를 잘 지내도록 기원하면서 헤어질 수 있을 것이다. 집을 나서는 자녀들에게 공부에 대해 채근하는 대신에 품에 꼭 안아주면서 "사랑해, 엄마가 널얼마나 사랑하는지 알지?"라고 해 줄 수 있을 것이다.

'오늘이 내 삶의 마지막 날이라면!'

집을 나서다가 만난 평소 껄끄러운 관계에 있던 이웃에게 "안녕하세요! 행복하세요!"라면서 평화를 빌어줄 수 있을 것이다. 또 직장에서 나를 넘어서려고 온갖 권모술수를 쓰는 동료에게 따뜻한 차를 한 잔 가져다 주면서 칭찬하고, 앞으로의 성공을 기원해 줄 수 있을 것이다.

'오늘이 내 삶의 마지막 날이라면!'

한가한 아침에 울고 불고 소리를 지르는 불륜 드라마를 보면서 넋 놓고 앉아있지 않고, 아직 내가 하지 못한 마지막 일을 정리하게 될 것이다. 가족들을 위해서 뒷정리를 깔끔하게 해 두고, 집도 깨끗하게 청소하게 될 것이다. 그리고 맛있는 음식을 준비해서 가족들과 마지막 저녁을 보낼 이벤트를 마련하게 될 것이다.

'오늘이 내 삶의 마지막 날이라면!'

무엇이 나에게 진정 중요하고, 중요하지 않은지를 생각하게 될 것이다. 그리고 중요한 그 일을 먼저 하게 될 것이다. 그동안 그렇게 갖고 싶었던 명품 가방을 사는 일은 별로 중요하지 않게 될 것이다. 아직 용서받지 못한 사람에게 전화를 해서 "미안하다." 고 말하고 그에게 축복을 빌어주게 될 것이다. 그리고 먼 곳에 있는 그리운 사람에게 편지를 쓰고, 그의 안녕을 빌어주게 될 것이다.

삶은 모든 순간이 모여서 이루어진다. 과거에 당신이 누구를 만나고 무엇을 했건 그것은 이미 지나간 일이다. 미래에 무엇을 할 것이건 그것은 아직 오지 않은 것이고, 정말 오게 될지 아무도 장담하지 못한다. 그러므로 지금 이 순간이 바로 당신의 삶이다.

　20대까지는 성인이 되어가고, 직업을 갖기 시작하며, 결혼을 하는 시기이다. 30대가 되면 이제 한 독립된 인간으로서 삶을 본격적으로 시작하는 시기가 된다. 지금까지 부모, 가족의 보호막, 학교의 보호막 속에서 살아왔다면 이제 스스로 보호막을 만들어야 하는 시기이다. 시간이 가장 빨리 지나가는 시기이기도 하다. 그 말은 할 일이 가장 많은 때이고, 주변의 요구가 가장 많은 때라는 것이다. 자신에 대한 요구도 많은 때이다.

　당신 스스로 자신의 시간을 관리하지 않으면 주변의 모든 사람들은 당신의 시간을 빼앗아가 버릴 것이다. 그렇게 주변에 의해 좌지우지하는 삶을 살다보면 자신의 삶은 온데간데 없어지고 세월만 흘러갈 것이다. 그리고 40대가 오면 이제 중년을 준비해야 할 시기가 온다. 30대가 다르고, 40대가 다르다. 30대에 중요한 생명과 같은 시간을 잘 활용하라. 그러면 40, 50대에 미소를 지으며 살 수 있을 것이다. 그것은 40, 50대의 삶은 30대에 어떻게 살아갔느냐에 달렸기 때문이다.

　아이를 학교와 유아원에 보내고, 이웃과 커피를 마시며 수다를 떨고, 점심을 함께 먹으며 시간을 보내는 것도 때로는 필요하다. 그러나 그 한계를 정하라. 넘치면 시간이 그냥 쓰레기통으로 들어가버린다. 시간을 귀하게 여기면 시간은 당신에게 귀한 것으로 보답해 줄 것이다. 시간은 정직하다.

시간을 생명처럼 보호하라. 시간과 함께 당신의 생명이 존재하기 때문이다. 사람은 순간의 삶을 산다. 그 시간을 가장 효율적으로 사용할 수 있는 방법이 무엇인지 생각해 보고, 어떻게 하면 같은 시간을 더 귀하게 잘 사용할 수 있겠는지 고민하라. 그 답은 당신 자신이 가장 잘 알고 있다.

시간은 고무줄같이 늘일 수도 있고, 줄일 수도 있다

장시간 컴퓨터 작업을 하다 보니 평소에 약했던 손목 부분에 혹이 생겨서 한의원을 찾았다. 한의사는 TV 출연과 책을 통해 나를 알고 있었다. 30대인 그 의사의 아내가 지금의 나를 부러워한다고 했다. 최고 수준의 공부를 했고, 책을 쓰고, 강연을 하면서 돈도 벌고, 시간도 자의로 사용할 수 있는 생활을 부러워한다고 했다. 그 아내의 눈으로는 내가 여성으로서 모든 것을 다 이루었다고 생각하는 듯했다.

나는 그에게 말했다.

"꿈을 갖는다는 것은 참 중요해요. 또 매일 한 걸음씩 꿈을 향해 다가가는 것이 중요하죠."

나의 말에 잠시 생각에 잠겼던 그가 말했다.

"눈에 보이지도 않는 꿈을 위해 매일 어떤 시도를 한다는 것은 보통사람들에게는 쉽지가 않아요. 마음은 있다해도 실천이 안되요. 문제는 아내가 두 아이를 돌보고 또 살림살이 때문에 시간이 없는 거에요."

나는 모든 것을 이루었다고 생각해 본 적이 한 번도 없다. 도리어 지금 이 순간이 시작점이라고 생각한다. 그러므로 10년 전에 비해 지금 나의 시작점은 엄청난 장점이 있다 생각하고 기뻐한다. 나를 멀리서 보는 사람들은 나에 대해서 운이 좋거나, 머리가 좋거나, 물질적으로 지원해 주는 관대한 배우자가 있거나, 주변 배경이 좋을 것이라고 생각한다. 그러나 나는 그러한 것을 모두 가지지 않았다. 도리어 다른 여성들이 '0'에서 시작을 했다면, 나는 '-10'에서 시작해서 지금의 '+10'에 이르렀다고 생각한다. 그러니 0에서 시작한 사람보다 2, 3배는 더 노력해야 했다.

나도 하루 24시간, 1년 12달이라는 시간을 가졌다. 나도 자녀들이 있고, 가정이 있다. 지금에 이르기까지 파출부를 한 번도 써본 적 없이 직접 모든 일을 했다. 자녀들 공부도 직접 가르쳤다. 그러면서 나도 공부를 하고 일을 했다. 그 외에도 모든 것을 혼자서 다 해냈다. 어떻게 그 많은 것을 다 할 수 있었느냐고 누군가 묻는다면 '나는 나에게 주어진 한 시간으로는 도저히 그것들을 다 할 수 없었기 때문에 한 시간을 세 시간처럼 사용하려고 했다.'고 대답한다. 결국 나는 보통 사람보다 3배의 시간을 만들어냈기 때문에 그 모든 것이 가능했다.

아이들을 산책시키거나 놀이터로 데리고 가야 할 때면 귀에 테이프를 꽂았고, 짬이 나는 대로 책을 보았다. 음식을 하거나 설거지를 할 때면 어학 테이프를 틀어놓거나 단어를 외우는 등 눈으로 보지 않고도 할 수 있는 것을 했다. 심지어는 출산을 한 후 병원에 누워서 마취가 깬 후부터 책을 보기 시작했다. 텔레비전을 보면서 훌라후프를 돌리는 것 등으로 체력 관리를 했고, 화장실에 앉아서도 뭔가를 읽었다. 그렇게 하지 않고서는 아무것도 할 수 없었기 때문이다. 어떤 때는 밥을 지으면서 한 쪽 발로 유모차를 밀고, 한 손으로 책을 들고 있기도 했다.

사람이 항상 그렇게 살아야 한다면 참 힘들고 피곤할 것이다. 그러나 그때는 30대였다. 미래에 대한 꿈이 있었고, 젊었으며, 건강했다. 50대가 된 지금은 그렇게 살지 않는다. 30대에 나 자신을 위해 어느 정도 투자했기 때문에 나는 지금 여유롭고 한가하게 살 자격이 있다고 생각한다. 그래서 때로는 자동차를 몰고 음악을 들으면서 경치 좋은 곳으로 향한다. 그리고 자연을 즐기고, 분위기 좋은 찻집에서 한가로운 한때를 만끽한다.

나는 일을 돈을 벌기 위해서만 하지는 않았다. 시간을 들여 일하고 그 값을 받는 것뿐이라면 내가 시간을 들이는 것이 손해라고 생각하기 때문이다. 그 대신 그 일로 나에게 세 가지가 주어지다면 설사 나에게 큰 돈이 주어지지 않는다고 해도 나는 한다. 독일에서 살던 시절 아르바이트로 관광 가이드를 하기 전에 그것이 나에게 세 가지를 주는지 계산해 보았다. 그랬더니 세 가지가 나왔다. 첫째, 사람 앞에 서서 말하는 연습을 할 수 있다. 둘째, 나도 여행을 하고, 여행지에 대한 지식을 쌓을 수 있다. 셋째, 돈을 번다. 이 세 가지면 내가 해도 되는 일이라고 판단이 되었다.

어떤 일이 시간과 에너지만 빼앗고, 돈 외에 주는 것이 없으면 아무리 돈을 많이 준다고 해도 별 유익이 없으므로 나는 하지 않는다. 돈을 벌지 못한다 해도 그것이 나에게 엄청난 유익이 되는 일이라면 한다.

번역을 할 때도 마찬가지였다. 번역을 하면 첫째, 번역비를 받고, 둘째 어학 실력이 늘어난다. 셋째, 그 책 내용으로 지식이 늘어나고, 넷째, 나의 커리어가 생긴다. 그 이상 많은 이점이 있지만, 그 정도만 해도 그 일을 할 만하다는 판단이 나온다. 강의를 할 경우 그 기관의 예산으로 많은 보수를 받지 못하는 때도 있다. 그렇다 해도 나는 강의를 한다. 강의를 준비함으로써 강의 역량이 늘어나고, 사람을 알게 되는 유익이 있기 때문이다.

30대에는 많은 주변 사람들이 나의 시간을 요구한다. 그렇기 때문에 그 시절에는 한 시간을 한 시간만큼만 사용한다면 절대로 뭔가를 해 낼 수 없다.

한 시간을 세 시간처럼 사용해 보라. 한 가지 일을 해도 세 가지 효율성을 만들어 보라. 그러면 후일 당신이 40대가 되고 50대가 되어서 지금과 같은 젊음과 건강이 없을 때 훨씬 더 여유 있는 삶을 즐길 수 있을 것이다. 지금 시간을 아껴 알뜰하게 사용하는 것이 이후의 삶을 위한 시테크라는 것을 생각하라.

시간을 늘릴 수 있는 또 다른 방법은 건강을 관리하는 것이다. 당신이 건강하다면 더 많이 살게 될 것이고, 당신이 가지게 될 시간은 그만큼 더 많아지게 된다. 꼭 건강 관리를 한다고 오래 산다는 보장은 없지만, 그럴 가능성이 높다.

담배를 피우고, 술을 마시면 수명이 줄어든다는 통계가 있다. 엄연히 통계일 따름이지만, 앞일을 알 수 없는 상태에서는 통계에 의존할 수밖에 없다. 담배를 피운다면 내 시간이 다른 사람보다 훨씬 더 급속한 속도로 짧아지고 있다는 것을 생각하라. 술을 마신다면 인생의 마지막 순간을 향해서 다른 사람은 걸어가지만, 나는 달려가고 있다는 것을 생각하라.

시간을 보호하라 시간은 달콤한 열매로 당신을 기쁘게 할 것이다

열매는 충분히 무르익어야 달고 건강에도 좋다. 어린 시절 동네 작은 텃밭에 딸기 나무가 있었다. 딸기가 익기 시작하면 끝부터 빨개진다. 급한 마음에 딸기를 따서 빨간 끝 부분만 베어 먹는다. 물론 달지 않다. 이미 익지도 않은 딸기를 다 따 버렸으니 이제 크고 잘 익은 딸기는 따 먹을 수 없게 되었다. 딸기를 미리 따 먹지 말고 잘 익을 때까지 지켜보고 잘 보호해 주어야 후일 맛있게 먹을 수 있다. 이와 마찬가지로 시간도 잘 관리하여 아무 소득 없는 일에 써버리지 말아야 한다. 그래야 때가 무르익었을 때 그 시간이 주는 보상을 누릴 수 있다.

토마토와 같은 야채를 키울 때도 거기에 맞는 온도와 습도 등 환경을 잘 만들어 주고 자랄 시간을 주어야 한다. 그래야 탐스럽고 맛있는 토마토 열매가 나온다.

시간도 마찬가지이다. 자신의 꿈과 비전과 목표에 따라 시간을 잘 관리하고 사용하면 후일 여유 있는 생활과 자신이 있고 싶은 곳에서 하고 싶은 일을 하면서 원하는 삶을 살 수 있을 것이다.

30대는 그러한 준비를 하는 단계이다. 젊음을 재산으로 삼고 후일 세상을 훨훨 날 꿈을 꾸면서 힘을 얻고, 미래의 삶을 준비하라. 30대 젊음이 있을 때에 잘 생각하고, 자신과 자신의 시간을 잘 관리한다면 후일 웃을 때가 분명 올 것이다.

30대에 나는 정말 많은 것들을 하면서 시간을 보냈다. 그렇다고 정신 없이 바빴다고 생각하지는 않는다. 사실 생활은 바빴지만 어느 때보다 내면은 평온했다. 왜냐하면 꿈이 있었고, 그 꿈을 이루는 길을 계획했고, 그 계획을 따라 매일 한 걸음씩 나아갔고, 그것을 위해서 시간을 관리했기 때문이다. 그렇게 지낸 결과 두 자녀들은 건전한 정신과 건강한 신체를 갖고 잘 자라났다. 나는 계속해서 꿈을 향해 가고 있고, 꿈을 향해 가는 길에 성취감과 삶의 기쁨과 여유라는 열매를 맺고 있다.

정신 없이 바쁘게 지낸다고 무엇을 하고 있다고 볼 수는 없다. 정신이 없는 것은 자신이 무엇을 하고 있는지를 모르기 때문인 경우가 많다. 그러므로 시간을 잘 계획할 필요가 있다.

나는 나의 궁극적인 비전을 위해서 시간을 쓰고 있는가? 그 꿈을 위해서 지금 나에게 중요한 일은 무엇이며, 중요하지 않는 일은 무엇인가? 급한 일은 무엇이며, 급하지 않는 일은 또 무엇인가?

이러한 것을 잘 구분하는 지혜가 필요하다. 그렇지 않으면 그냥 온종일 바쁘게 돌아다니고, 시간만 흘려보낼 뿐 하는 것이 하나도 없는 듯하여 허무하기만 하다. 아무 소득 없이 바빴기 때문이다.

나는 자녀가 유치원과 초등학교에서 점점 자라가고 있던 30대에 번역을 해서 8권의 책을 출간했다. 가정 일에 푹 빠져 있다 보니 처음에는 번역을 위해 시간을 내는 것이 불가능할 것으로 여겨졌고, 책을 한 권 번역하려면 1년이 걸릴지 2년이 걸릴지 예측할 수도 없었다. 시간이 나는 대로 번역할 생각을 하니 그럴 시간이 날 것 같지도 않았다. 번역할 책을 받고 나서는 계획을 세우기 시작했다. 석 달 안에 그 책을 번역하는 계획을 세웠다. 석 달이면 90일이다. 주말을 뺀다면 75일이다.

책이 200쪽쯤 되니까 하루에 5쪽을 번역한다면 40일이면 초벌 작업을 끝낸다. 그 다음 교정은 하루에 10쪽씩 한다. 그러면 20일이면 교정이 끝난다. 마지막 교정은 하루에 20쪽씩, 그러면 5일이면 끝난다. 토요일과 일요일은 계획에 넣지 않기로 한다. 주중의 일을 위해 재충전하는 시간이 필요했기 때문이다. 그러면 번역은 3개월이면 끝난다. 그날 할 양은 어떤 일이 있어도 꼭 끝내기로 다짐했다. 계획은 나를 이끌었고, 꼭 3개월만에 나는 번역을 끝냈다.

쌀을 많이 부으면 쌀통 입구까지 가득 찬다. 그러나 쌀통의 옆을 좀 쳐 주면 위에 공간이 생긴다. 시간을 정리하면 얼마든지 여유 시간을 낼 수 있다. 나는 텔레비전은 꼭 보고 싶은 프로그램만 보고, 이웃을 만나 그냥 보내는 시간을 줄였다. 식사를 준비하는 시간에 빨래를 돌리고, 시장에 가는 것도 2번에서 1번으로 줄였다. 운동은 텔레비전을 보는 시간에 했다.

이렇게 시간을 관리하기 위해서는 절제와 규율이 절대적으로 필요하다. 자신이 하고자 계획한 일은 꼭 해야 한다. 그리고 자신과의 약속을 지킨 데 대한 상을 주는 것도 좋은 방법이다. 예를 들어, 오늘 할 분량을 다 했을 때 자신을 위해 향기 좋은 차를 끓여 달콤한 케이크 한 조각과 함께 즐긴다. 그리고 자전거를 타고 공원을 한 바퀴 돈다. 또는 저녁에 드라마를 보면서 오늘 할 일을 했으니 나에게는 그럴 자격이 있다고 칭찬하면서 간식을 먹으며 여유를 즐긴다. 이런 보상에 대한 작은 기쁨도 자신과의 약속을 지킬 수 있는 하나의 힘이 된다.

내가 지금 이 글을 쓰고 있고, 또 뭔가를 이루어가고 있는 사람이라는 말을 듣는 것은 그때 시간에 대한 나와의 약속을 지키려 노력했고, 철저히 규율을 갖고 생활한 결과라고 생각한다. 그래서 나는 즐겁게 이 책을 쓰고 있고, 앞으로 책을 통해 나와 대화할 당신에 대한 기대감에 가슴이 떨리는 축복을 받고 있다.

시간은 참 정직하다. 시간을 소중하게 생각하고 아껴주면 시간은 나에게 달콤한 열매를 안겨준다. 시간을 하찮게 생각하고, 그냥 거리에 흘러 넘치는 것으로 생각하고 대하면 시간은 쓴 열매를 안겨준다.

모두가 1년을 산다고 다 1년의 삶을 사는 것은 아니다. 1년을 살아도 어떤 사람은 자신이 하고 싶은 일을 하며, 자신이 있고 싶은 곳에서 자유롭고 행복하게 산다. 그러나 같은 1년을 살아도 시간에 휘둘려 정신을 놓고 있다가 자신이 있고 싶지 않은 곳에서 하고 싶지 않은 일을 하면서 노예와 같이 불행하게 사는 사람도 있다.

콘돌리자 라이스

a successful woman

　미국의 최고 권력자의 위치를 바로 눈앞에 두고 있으며, 미국 뿐 아니라 세계가 주목하고 있는 콘돌리자 라이스 미국무 장관은 현재 세계 각국의 안보 문제와 협상 조약을 관장하는 중대한 위치에 있다.

　초고속으로 승진해서 최단의 성공가도를 달리고 있는 라이스는 어머니의 열정적인 교육열과 목사인 아버지의 신앙 교육하에 이미 15세에 덴버 대학교에 입학해서 19세에 졸업했다. 그리고 26세에 박사 학위를 받고 이어서 스탠퍼드 대학교의 조교수가 되고, 그 다음해에 부교수로 승진했다. 그리고 34세부터 2년간 부시 전 대통령 정권에서 국가안전보장회의 소련 및 동유럽 담당 책임자가 되었다. 36세에 스탠퍼드 대학교로 복귀하고 기업의 임원을 겸직했으며 38세에 대학 교수로 취임하여 최연소 여성이자 흑인 최초 대학 부총장이 되었다. 또한 45세에 대학을 떠나 조지 부시의 선거 진영에 참가해서 46세에 부시 제1기 행정부 국가안전보장 담당 보좌관, 50세에 부시 제2기 행정부 국무 장관으로 취임했다.

　라이스가 세계 최강의 미국이라는 나라를 움직이는 자리에까지 온 것은 어떻게 해서일까? 라이스는 모든 명성과 지위를 얻었고 이제 50세가 넘었다. 그런데도 그녀는 정치 일선에서 열정적으로 자신의 일을 하며 전진하고 있다. 그 모든 것이 운이 좋아서, 우연히 된 것이 아니라는 사실을 그의 삶을 통해 알 수 있다. 그리고 젊은 시절부터 키워온 비전을 향해 열정과 사명을 갖고 도전해야 할 때는 도전하고, 물러나야 할 때는 과감하게 물러나는 정신과 행동을 통해서 지금의 자리에 이르렀음을 알 수 있다.

라이스는 특히 자신의 미래를 위한 기회를 판단할 줄 아는 사람이기에 적절한 기회가 올 때 직감적으로 그것을 선택했고, 그 선택에 최선을 다했다. 주변에 휩쓸린 결정이 아니라 자신의 미래에 방향을 둔 자신만의 선택을 했기 때문에 에너지와 시간을 낭비하지 않고 자신의 길을 갈 수 있었다. 그리고 더 이상 자신의 능력을 발휘할 가능성이 없다는 생각이 들 때면 과감하게 그곳을 떠나기로 결정하는 것이 바로 라이스가 성공을 이룬 비결이다. 예를 들면, 피아니스트가 되려는 꿈을 포기하고 새로운 전공을 찾았고, 부시 정부의 중직을 떠나 스탠퍼드 대학교로 복귀했으며, 또다시 스탠퍼드 대학교의 교수와 부총장직을 내던지고 조지 부시의 선거 캠프에 동참했다. 포기하는 선택이 없었더라면 자신의 비전으로 향하는 기회를 잡지 못했을 것이다.

라이스가 태어난 1954년에는 아직 미국 사회의 인종 차별이 곳곳에 남아있던 때였고, 그가 태어난 미국 남부 앨라배마 주의

버밍햄은 더욱 인종차별이 심했다. 부유한 가정에서 성장했지만 그런 시대적, 사회적 분위기를 그녀도 피해가지 못했다. 그러나 조상 대대로 기독교 신앙을 가진 덕분에 그녀는 절대 그런 인종 차별에 굴하지 않고 자신의 인생을 개척해 나가는 교육을 부모로부터 받았다. 그녀 역시 철저한 믿음의 사람으로서 백악관 생활을 시작한 이후에 여러 차례에 걸쳐서 "하나님을 향한 믿음이야말로 나의 인생은 물론 공직 생활에서도 가장 중요한 부분이다."라고 고백하곤 했다. 그녀는 일과를 기도와 함께 시작하는 사람으로 알려져 있다.

어린 시절부터 부모로부터 '너는 특별한 사람이다.' 라는 말을 들으며 자부심을 갖고 자란 만큼 자신의 인생을 개척하는 일에 막힘이 없이 시도할 때와 포기할 때를 정확히 알고 행동에 옮긴 라이스는 무슨 일을 할 때 돈을 생각하기에 앞서 자신의 비전에 도움이 되는가를 먼저 생각했다. 그녀는 또 자신의 전공 분야뿐 아니라 최고의 인생을 위해 도움이 되는 다양한 분야에서 최선을 다하는 사람이고, 자신에게 주어진 역할을 잘 알고 전체의 균형을 배려해서 행동할 줄 아는 사람이다. 모든 면에서 완벽한 사람이라는 인상을 받는 것은 그저 된 것이 아니라 타인을 배려하는 태도, 신중하게 말하는 습관과 우아하고 반듯한 자세 등을 유지하는 지속적인 훈련과 자기 규율에서 기인된 것이다.

미래를 신뢰하지 마라. 죽은 과거는 묻어버려라. 그리고 살아있는 현재에 행동하라.

- 롱펠로 -

내가 헛되이 보낸 오늘 하루는 어제 죽어간 이들이 그토록 바라던 하루이다. 단 하루면 인간적인 모든 것을 멸망시킬 수 있고 다시 소생시킬 수도 있다.

- 소포클레스 -

시간을 지배할 줄 아는 사람은 인생을 지배할 줄 아는 사람이다.

- 에센바흐 -

CHAPTER 11

여자 30대, 아무도 당신을
편안하게 내버려 두지 않을 것이다
스스로 자신의 마음을 다스려라

어떤 경우라도 당신의 마음과 생각을 잘 지켜라.
마음과 생각에 따라 당신의 운명이 결정되기 때문이다.
마음과 생각이 행동을 일으키고, 행동이 바로 당신을 만들어간다.
그렇기 때문에 성을 지키는 것처럼 마음과 생각을 지켜라.
마음을 지키는 사람이 바로 용사이다.

늘어진 고무줄은 소용없다 고무줄을 팽팽하게 당겨라

어제도 오늘도 또 내일도 아침에 일어나서 식사 준비를 하고 아이들을 깨워서 준비시켜 밥 먹이고 학교에 보낸다. 남편의 출근 준비를 돕고, 식사를 제공하고, 출근을 시킨다. 지난 밤과 아침 사이에 흐트러진 집안을 정리하고 청소를 하고 빨래를 한다. 동사무소나 은행 일을 처리하고, 시장에 가서 저녁 찬 거리를 사서 집으로 돌아온다. 모두들 일터로, 학교로 자신의 일을 찾아 갔는데, 화창한 날 별일 없이 길을 걸어가고 있는 자신에 대해 어떤 때는 한가한 행복감을 느끼지만, 어떤 때는 세상에서 소외된 듯한 느낌을 받는다.

돌아오는 길에 만난 이웃 아줌마와 대화를 나누다가 함께 집에서 차를 마시면서 못다한 대화를 나눈다. 대충 자녀 자랑으로 시작해서 시댁에 대한 불만과 남편과의 갈등에 대한 이야기까지 주고받다 보면 서로 마음이 잘 통하는 듯 시간가는 줄 모른다. 그러다 이웃 사람들 이야기 등 다른 사람의 이야기로 쭉 이어진다. 별로 새로울 것도 없지만, 그렇다고 굳이 할 일이 있어 이야기를 끊어야 할 필요도 없다.

때로 마음에 맞는 이웃 사람들과 동네 산에 올라갔다가 근처 칼국숫집에서 점심을 먹기도 하고, 오랜만에 친구를 만나거나 동창 모임에 나가 기분 전환을 하기도 한다. 기분 전환이 된 듯

하지만, 집에 돌아와 가만히 생각해 보면 자신보다 공부도 못했던 동창이 어쩌다 결혼을 잘해서 멋진 중형 자동차를 타고 얼굴빛깔과 옷 매무새가 영 달라진 모양새를 하고 나타난 것을 보면 두고두고 마음에 걸린다. 그러다 나는 왜 이 모양 이 꼴이 되어 이곳에 있는 것인지 한탄스러움에 한숨이 흘러나온다.

오후 시간이 되어 아이들이 유치원과 학교에서 돌아오면 간식을 먹여 학원에 보내고, 숙제를 점검하고, 함께 놀아준다. 틈틈이 저녁 식사 준비 등 집안 일을 한다. 저녁이 되어 식사를 하고, 아이들이 각자 자기 일을 하는 동안에 틈을 내어 연속극을 본다. 오늘도 회식이 있어 늦는다는 남편의 전화를 받고 남편을 위해 차려둔 식탁의 음식을 정리한다. 텔레비전 연속극의 불륜 드라마를 보면서 아직도 집에 들어오지 않은 남편에 대해 은근히 불안감을 느끼고, 사건 사고를 전하는 뉴스를 들으면서 또 불안감을 느낀다.

아이들은 잠이 들었고, 기다리는 남편은 오지 않고, 이참에 소파에 길게 누워서 이런저런 간식을 먹으면서 리모컨을 돌린다. 옆으로 비스듬히 누워서 우연히 배를 쓰다듬는데 마치 실컷 먹이를 먹고 옆으로 누워서 자고 있는 축 처진 사자의 배 같다. 고무줄 운동복이 허리를 꽉 죄는 것 같아 허리 부분에 손을 넣어서 죽 늘여본다. 어제도 오늘도 똑같은 이런 생활이 내일 또 시작될 것을 생각하니 한숨이 나온다. '이것이 결혼식 때 친구들의 부러움 속에서 공주 같은 옷을 입고 행복해 하면서 상상했던 생활이었나 하는 생각에 절로 서글퍼진다. 별로 새로울 것도 없고, 긴장할 것도 없고, 매일 똑같은 생활 속에서 나이만 한 살, 두 살 먹어가는 것 같다.

이것이 지금까지 우리나라의 평범한 아줌마들의 전형적인 모습이었다.

고무줄을 당길 때 어느 정도 당기다가 놓으면 고무줄은 늘어났다가 다시 제자리로 돌아간다. 그러나 고무줄을 너무 많이 당기면 고무줄을 놓아도 제자리로 가지 않고 늘어난 채로 있다. 늘어난 고무줄은 쓸모가 없다. 고무줄을 전혀 당겨주지 않은 채 오랜기간 지난 후 고무줄의 유연성을 되살리려면 시간이 필요하다.

이와 같이 사람도 너무 많이 스트레스가 쌓였다가 해소되면 그 스트레스의 후유증이 남는다. 그러므로 그 정도로 부정적 스트레스가 생겨서 그것이 자신에게 감정과 건강상에 악영향을 주지 않도록 주의를 기울여야 한다. 스트레스가 올 때 어느 정도 선에서 자신을 관리하는 것이 바람직하다.

사람은 관계 속에서 스트레스를 많이 받는다. 직업생활에서는 고객, 동료, 상사, 후배, 팀장, 팀원 등과의 관계, 가정에서는 배우자, 자녀, 부모, 시댁, 배우자의 주변 관계 속에서 얼마든지 스트레스를 받을 수 있다. 그 관계로 스트레스에 빠져 버리는 것은 바로 돌이킬 수 없이 늘어난 고무줄처럼 부정적인 흔적을 남기게 된다. 그러나 그런 관계를 어떻게 생각하느냐에 따라서 도리어 자신을 적당히 긴장시키는 계기로 삼을 수 있다.

40대 후반에 아직도 뱃살도 없고 팔뚝의 탄탄한 근육을 자랑하며 아줌마 티가 나지 않는 멋진 몸매를 유지하는 친구가 있다. 그 친구는 자기 계발을 하고, 시간제 직업 생활을 하고 있는 두 아이의 엄마이다. 부부 관계에 있어서나 자기 자신에 대해서나 항상 조금은 긴장하고 있는 듯한 마음과 그것을 해소하려고 하는 생활은 그녀로 하여금 마치 팽팽하게 적당히 당겨진 고무줄처럼 모든 것에 탄력을 주고 있는 듯 했다.

그저 날마다 편안하기만 하고, 그날이 그날 같고, 언제나 똑같은 관계이면 긴장될 것도 없다. 그렇기 때문에 그 편안함과 일상의 나태함은 늘어진 고무줄 마냥 아무 쓸모 없는 사람으로 만들 수 있다. 긴장된 일이 있기 때문에 그 일을 하기 위해 정신이 깨어 있게 되고, 긴장된 관계가 있기 때문에 그 속에서 서로 부닥치면서 성장하게 된다.

당신이 어떤 일을 할 때 그 일에 대해 약간의 스트레스가 없다면 그 일은 더 이상 당신에게 발전이나 성장을 주지 않을 가능성이 있다. 예를 들어, 내가 강의를 할 때 그 강의에 대한 스트레스가 전혀 없다면 내가 더 이상 시도할 도전이 없는 강의일 가능성이 크다. 적당한 긴장과 스트레스가 있다는 것은 도전이 있다는 것이고, 그것을 해 냈을 때 성장이 이루어진다는 의미이다.

약간의 부족함이 만족함을 위해 갈망하게 하고 도전하게 한다. 그리고 기대에 차서 살아가게 한다. 약간의 긴장이 상대방에 대해 건전한 간격을 갖게 한다. 약간의 스트레스로 하는 긴장은 살아 있음을 신체적으로 느끼는 것이다. 자신이 성장하고 있음을 말해주는 것이다.

성벽을 지키듯 마음을 지켜라

나라는 국경을 두고, 집은 담을 세워 지킨다. 낯선 사람이 들어오면 이유를 물어보고, 그 사람을 들여보내야 할지 말지를 결정한다. 국가의 경계선을 무단으로 침범하면 국가간에 갈등이 생기고 심하면 전쟁이 일어난다. 집의 담을 무단으로 침입하면 경찰을 부르기도 한다. 사람의 신체 주변에도 보이지 않는 영역이 자리 잡고 있어서 낯선 사람이 가까이 다가오면 몸을 뒤로 빼든지 달아나게 된다. 이와 같이 사람과의 관계에도 영역이 있다.

마음에도 영역이 있다. 별로 가까운 사이가 아닌데 너무 개인적인 것을 물으면 부담스러운 것이 그 한 가지 예이다. 어떤 도전적인 말을 듣거나 비판이나 반대의 말을 들으면 저항감을 느끼는 것도 그렇다. 그때는 자신을 보호하기 위해서 자신을 방어하거나 상대를 공격하게 된다. 자신의 마음을 부담스럽게 하는 사람과는 가까이 하고 싶지 않은 것이다. 그러나 다른 사람의 마음의 영역을 잘 지켜주면 편안하고 좋은 관계를 갖게 된다.

자신의 영역은 스스로 지킬 줄 알아야 한다. 누군가가 나라의 경계선을 무단으로 침범하는 것은 침범하는 상대방도 문제가 있지만, 자기 나라를 잘 지키지 않은 것에도 문제가 있다. 국경을 잘 지키지 않았기 때문에 감히 침범할 생각을 하는 것이다. 집도 마찬가지이다. 현관 문을 잘 잠구어 두면 감히 들어올 생각을 못하지만, 열쇠를 잘 채우지 않으면 나쁜 의도를 가진 사람이 집안으로 들어올 가능성이 있다. 경비원이 있다고 해도 그가 자리를 비울 때를 틈타서 아무 저항 없이 들어올 가능성도 많다.

사람의 마음도 자신이 지키되, 마치 성벽을 쌓듯이 지켜야 한다. 자신이 받아들일 사람과 받아들이지 말아야 할 사람이 있다. 자신이 받아들여야 할 생각과 말이 있고, 그러지 말아야 할 생각과 말이 있다. 예를 들어서, 텔레비전을 보고 그곳에 등장하는 아무 사건이나 말을 그대로 받아들여 영향을 받는 것은 자기 마음의 문을 닫지 않고 아무 것이나 자신의 속으로 들어오게 하는 것과 같다. 바비 인형 같은 팔등신 여자가 텔레비전에 등장해서 '더 가볍게, 더 가늘게'라고 하는 말을 그대로 듣고, 자신도 더 가볍고 더 가늘어지려고 온갖 방법을 다 쓰다가는 결국 돈과 시간과 에너지를 몽땅 들이게 된다. 물론, 바비 인형처럼 된다는 보장도 없다.

특히 매스컴에 나오는 상업용 광고는 당신을 위해서 하는 것이 아니라, 당신을 통해 그들이 이익을 보기 위해서 하는 것이다. 그 말을 받아들일지 그렇지 않을지는 스스로 선택해야 한다. 어느 누구라도 사람이 찾아와서 문을 두드릴 때 무조건 문을 열어 주면서 안으로 들어오라고 하지 않는다. 그 사람이 누구인지를 판단하고 결정한다. 누군가가 우리나라를 방문하고 싶고, 살고 싶다고 해서 무조건 그럴 수 있는 것도 아니다. 그 사람이 우리 나라에 오고 싶은 이유가 합당해야 가능하다.

사람과의 관계에서도 상대방의 생각이나 의견을 받아들일 것 인가, 말 것인가 하는 것도 자신이 결정해야 한다. 다른 사람의 결정을 따라 살아가다가 후일 나는 그것을 원하지 않았노라고 말한다 해도 소용이 없다. 이미 그것은 지나간 자신의 선택이었 기 때문이다. 그냥 문을 열어놓고 어떤 것이 들어오든 말든 내버 려 둔 것도 자신의 선택이었고, 선택하지 않은 것도 자신의 선택 이었다.

사회적으로 검증이 된 훌륭한 사람의 말이라고 해도 받아들일 것이 있고, 그렇지 않을 것이 있다. 그 말을 적용할 수 있는 여건 이 상황에 따라 다르고, 시대에 따라 다르고, 사람에 따라 다를 수 있기 때문이다. 훌륭한 사람이 '인생은 전쟁터와도 같다. 그 러니 힘을 내어 싸워나가자!' 라고 말한다면 그것은 그 사람과 같이 살고 있는 사람이 적용해야 할 것이다. 그런데 그것을 거르지 않고 그냥 받아들인다면 그 사람은 마치 삶을 전쟁을 하듯 살아갈 염려가 있다. 때로 인생이 전쟁과 같을 수도 있지만, 인생은 순풍에 돛을 단 듯할 수도 있고, 부드러운 바람이나 따사로운 햇볕과 같을 수도 있다.

쓰레기 같은 생각을 쌓지 않도록 자신의 마음을 지켜야 한다. 당신은 보물임을 기억하고 그 보물에 쓰레기를 뒤집어 씌우지 않도록 주의하며, 밤낮으로 마음의 성벽을 잘 지켜라. 그렇지 않으면 누군가가 아무도 모르게 살짝 당신의 성벽 안에 쓰레기를 쏟아 부을 것이다. 자칫 그것은 쓰레기 같아 보이지 않을 수도 있다. 아름답게 포장이 되어 있기 때문이다. 그러나 그 아름다운 포장 속에는 당신의 영혼을 망치는 독이 들어 있을 수 있다. 당신이 자신의 마음을 지키지 않으면 아무도 당신을 지켜주지 않는다. 바로 당신이 자신을 지킬 수밖에 없다.

그 어떤 것이나 자신이 선택하기에 따라 약이 될 수도 있고, 독이 될 수도 있다. 가난을 한탄하기만 하면 독이 되지만, 빈곤을 딛고 일어나려고 노력하면 성장과 성숙의 기회가 된다. 누군가가 당신을 그냥 내버려두지 않고 괴롭게 하는가? 남을 괴롭게 하는 그런 사람을 본받지 말고, 남을 행복하게 하는 사람이 되도록 노력하라. 그것이 어려운 상황을 넘기고 승리하는 방법이다.

어떤 경우라도 당신의 마음과 생각을 잘 지켜라. 마음과 생각에 따라 당신의 운명이 결정되기 때문이다. 마음과 생각이 행동을 일으키고, 행동이 바로 당신을 만들어간다. 그렇기 때문에 성을 지키는 것처럼 마음과 생각을 지켜라. 마음을 지키는 사람이 바로 용사이다.

그리고 당신의 입을 지켜라. 마치 용사가 성벽을 지키듯 지켜라. 그것이 바로 마음과 생각을 지키는 것이다. 마음과 생각은 입을 통해 뿜어져 나오기 때문이다.

어떤 불편한 마음이 생기면 차라리 당신이 살아있는 증거로 생각하고 기뻐하라. 무덤 속에 있는 사람은 어떠한 불편도 느끼지 못한다. 불편한 마음이 든다는 것은 당신에게서 에너지가 동하고 있다는 것이다. 그 에너지를 긍정적으로 활용하라. 당신에게 성장, 행복, 기쁨, 풍요로움을 주는 것이 무엇인지 생각하고, 그런 단어만을 생각하고, 그것이 당신의 것임을 믿어라.

생각에 따라 이 세상의 그 어떤 감정, 관계, 상황도 모두 당신을 위한 것이 될 수 있다. 당신이 신앙인이라면 "하나님이 나를 위하시면 누가 우리를 대적하리요."라는 말을 기억하라. "오직 여호와를 앙망하는 자는 새 힘을 얻으리니 독수리의 날개 치며 올라감 같을 것이요, 달음박질하여도 곤비치 아니하겠고 걸어가도 피곤치 아니하리로다."라는 말을 기억하라. 그리고 자신 있게 다시 일어나라.

태풍의 눈 속은 고요하다

독일 사람들은 비가 오면 '자우베터(돼지 같은 날씨)'라고 하면서 아주 싫어한다. 해가 비치면 좋은 날씨라고 한다. 워낙 비가 내리고 축축한 날이 많아서일 것이다. 그러나 나에게는 나쁜 날씨가 없다. 모든 날씨가 나를 행복하게 한다. 비가 오면 내가 직접 정원에 물을 주지 않아도 하늘에서 비를 골고루 뿌려주니 얼마나 좋은가? 오염된 공기를 깨끗이 씻어 주고 산천 초목을 따로 관리하지 않아도 하늘이 땅을 촉촉히 적셔 주고 씻어 주니 얼마나 감사한가! 태양이 주는 빛과 열이 있기에 이 세상의 생명이 존재하고, 밝음은 우리로 하여금 그 아름다움을 만끽하게 하니 맑은 날은 맑은 대로 감사하다.

누구에게나 그 어떤 일이건 일어날 수 있다. 마치 악인에게나 선인에게나 햇살이 똑같이 비치고, 비가 똑같이 내리는 것과 같다. 그것을 어떻게 생각하느냐에 따라 그 의미가 다르고, 그 영향력도 다르다. 모든 것에서 긍정적인 의미를 찾는 사람은 그 어떤 환경 속에서도 마치 태풍의 눈 속같이 고요할 것이다.

삶 그 자체는 고요할 수가 없다. 태풍이 불어오고, 가뭄과 홍수가 있고, 예측 불허의 지진이 온 대지를 뒤흔들어 놓을 수 있다. 그렇듯이 자녀가 조금만 몸이 아파도, 집에 들어올 시간이 지나도, 핸드폰을 받지 않아도 가슴이 철렁 내려 앉는 것이 바로 엄마의 마음이다. 엄마의 마음속에는 항상 풍랑이 그치지 않는다. 항상 자녀가 엄마와 함께 있을 수 없으므로 항상 엄마가 보호해 줄 수 없다. 그렇다고 항상 불안해 하고 걱정하면서 살 수는 없다. 자녀가 잘 지내고 있기를 기도할 뿐이다.

나는 특히 자녀들이 어렸을 때 아침에 유치원과 유아원에 보내면서 헤어지는 순간까지 속으로 기도했다. 이 세상에는 위험이 도처에 널려 있으므로 순간순간 살아있는 것이 기적과도 같다. 그래서 기도할 수밖에 없고, 기도하면 마음이 평안해진다. 자녀가 나와 함께 있다고 해서 꼭 안전한 것은 아니다. 자녀가 그곳에 있기 때문에 차라리 안전할 수도 있다. 어디에 위험이 도사리고 있는지는 아무도 모르는 일이다. 그래서 자녀들이 내 곁을 떠나 있을 때는 누군가가 그들을 보호해 줄 것이라는 믿음을 갖고 기도할 뿐이다.

누군가 나보다 더 크고 힘이 있고, 모든 것을 알고 있고, 어디에서나 나를 도와줄 수 있는 사람에게 일을 맡기면 그 무엇을 하든 자신감이 생긴다. 비전과 꿈이 있고 인생 계획이 있어서 자신이 해야 할 바를 알고, 가야 할 길을 알고, 자신이 서 있는 자리를 알면 평온한 마음으로 살아갈 수 있다. 자신의 앞길에 있는 망망한 대해에서 삶의 키를 자신이 움직이고 있기 때문이다. 순풍에 돛 단 듯 모든 것이 순탄하게 흘러갈 수는 없다. 날씨의 변화로 바람이 불고, 풍랑이 일고, 비가 내리고, 그러다가 해가 내리쬘 수도 있다. 그러나 내가 갈 방향을 알면 주변 환경에 상관없이 자신의 길을 편안히 갈 수 있다.

풍랑이 치고, 몸체가 흔들리고, 가지가 꺾이는 상황 속에서도 뿌리를 강변에 깊숙이 뻗고서 물을 맘껏 빨아들이고 있는 나무의 모습을 생각해 보라. 그런 나무와 같은 사람은 어떠한 역경을 만나도 굳건하게 성장할 것이다.

당신의 마음이 태풍의 눈 속처럼 고요함을 유지하게 하라. 누군가가 당신을 괴롭게 해도, 삶이 당신이 원하는 것을 이룰 수 없게 한다고 해도, 때로 자녀가 당신의 마음을 뒤집어 놓고, 남편이 당신에게 상처를 준다고 해도, 직장에서 하늘이 무너지는 일을 당한다고 해도 당신의 마음을 고요히 지켜라. 그러면 당신은 결국 승리할 것이다. 혼자서 어렵다면 신앙을 가져라. 큰 도움을 받을 수 있을 것이다.

나도 20대와 30대에는 조그만 사건을 대해도 마음에 풍랑이 이는 듯했다. 그러나 점점 세월이 지나 나이가 들어가면서 나의 마음속 깊은 곳에는 평화의 샘이 있는 것 같다. 누가 나에게 곱지 않은 얼굴로 바라본다고 해도, 누가 나에게 마음 상하는 말을 한다고 해도 예전보다 나는 더 자주 미소로 화답할 수 있을 것 같다.

태풍의 눈 속과 같은 고요함은 그냥 얻어지는 것이 아니다. 나에게는 바로 30대 풍랑의 세월이 지금의 고요함을 선사했을 것이다. 당신이 풍랑 속에서 자신의 마음을 지킬 때 그 평화의 공간은 점점 넓어져서 아무도 침범하지 못하는 고요한 호수가 될 것이다. 후일의 고요함을 위해서 30대에 평화의 공간을 넓혀 나가라.

그 공간은 돈으로 살 수 없고, 인위적으로나 순간적으로 만들 수 없다. 당신이 삶을 긍정적으로 이끌어 나가고, 자신의 마음을 사랑하고, 보호할 때 생긴다. 그러므로 스스로 사랑하라. 자신에게 사랑을 고백하라. 자신을 쓰다듬어 주면서 예뻐하라. 아무도 자신에게 그렇게 해 주지 않으면 어떠랴. 아무도 해 주지 않는다고 한탄하고 불만스러워하지 말고, 누구보다 자신에게 잘 해 주어라.

이 세상에서 아무도 당신을 사랑해 주지 않는다고 느낄 때, 도리어 사람들이 당신을 힘들게만 한다고 느낄 때 더욱더 당신을 사랑하고 아껴주라. 자신의 마음을 지키고, 아름답게 가꾸어 나가라. 특히 아무도 당신을 돌아보지 않고, 당신을 도와주지 않는다는 생각으로 외로워질 때 당신과 같이 외로운 사람을 도와주라. 당신이 자신의 필요를 채우지 않고, 다른 사람의 필요를 채워줄 때 당신에게 더 큰 고요와 기쁨과 평화가 찾아오게 될 것이다.

당신이 평화의 고요한 눈 속에 있을 때 그 어떤 힘든 주변 환경도 감싸 안을 수 있고, 용서할 수 없는 사람도 사랑할 수 있고, 그 어떤 열악한 처지도 감사함으로 받아들일 수 있을 것이다. 그러면 결국 주변 환경이 평화로운 당신의 영향을 받게 되고, 주변 사람이 당신의 사랑을 받게 되며, 열악한 처지가 당신 앞에 무릎을 꿇을 것이다. 당신 주변의 모든 것이 평화롭게 되면 당신 자신이 평화 속에 살 수 있게 된다.

엘리노어 루즈벨트

프랭클린 루즈벨트 대통령의 부인이면서 테오도어 루즈벨트 대통령의 조카인 엘리노어 루즈벨트는 지금까지도 미국에서 가장 존경받고 있는 여성 중 하나이다. 그리고 20세기 사상 가장 위대한 여성이라고 불리기도 했다.

엘리노어 루즈벨트는 물질적으로 풍요로운 가정에서 자랐지만, 행복한 어린 시절을 보내지는 못했다. 6살에 대단한 미인이었던 어머니가 돌아가시고, 7살 때는 막내 동생마저 세상을 떠났다. 그리고 미남이었지만 알코올 중독자였던 아버지마저 10살 때 세상을 떠났다. 그 후로 엘리노어는 다른 동생들과 함께 할머니의 품에서 자라게 되었다.

엘리노어 루즈벨트는 그녀의 어머니가 그녀를 보고 실망할 정도로 예쁘게 태어나지 않았다. 게다가 겁이 많고 내성적인 성격은 거의 병적일 정도였다고 한다. 이는 살벌했던 어린 시절의 불행한 가족 관계가 애정 결핍으로 나타난 것이다.

프랭클린 루즈벨트 대통령이 사고로 불구자가 되었을 때 장애를 극복할 용기를 얻을 수 있었던 것은, 외적인 약점을 극복하고 장점으로 승화시킨 아내 엘리노어의 말 한마디 때문이었다고 한다.

프랭클린은 엘리노어에게 물었다.

"내가 이런 불구자가 되었는데도 당신은 나를 사랑할 수 있겠소?"

엘리노어는 대답했다.

"내가 그동안 당신의 성한 다리만 보고 당신을 사랑했다고 생각하셨나요? 내가 사랑하는 것은 당신의 인격과 삶 전체예요."

엘리노어는 결혼생활 중 남편 루즈벨트의 부적절한 여성 관계로 많은 고통을 겪었다. 그래서 그녀는 남편과의 사이에 존경은 있지만, 사랑은 없다고 밝혔다. 어린 시절부터 자신을 극복해온 강인한 품성은 시어머니의 냉대와 간섭 및 부당한 처사, 남편의 부적절한 여성 관계를 극복하는 힘이 되었다.

1933년에 프랭클린이 대통령에 취임한 이후 엘리노어는 백악관에 있는 12년 간 프랭클린의 정책에 큰 영향을 미쳤다. 프랭클린 루즈벨트 대통령 시대에 여성과 소수자에 관한 진보적인 정책은 거의 엘리노어가 발안한 것이라고 한다. 1945년에 프랭클린이 사망한 뒤 그녀는 정치적 활동을 계속했다.

트루먼 대통령의 요청으로 엘리노어는 유엔 제1차 총회 대표단의 한 사람으로 지명되었고, 상원의 동의를 얻어 정식으로 대표단에 임명되어 1946년 런던 총회에 참가했다. 그 총회에서는 인권위원회에 참가하여 위원장에 선출되었다.

엘리노어의 눈부신 활약으로 인권위원회는 세계인권선언의 기초를 마련하기 시작했고, 그 과정에서 인권위원장으로서 가톨릭, 프로테스탄트, 공산주의자들 사이의 합리적인 의사소통을 이끌어 냈다. 그 결과 1948년 12월 유엔 총회에서 세계인권선언이 채택되었다. 1952년까지 유엔 대표를 역임했고, 퇴임한 후 각국 여성단체에 초청되어 여성 지위 향상에 전력을 다했다. 1962년 78세의 나이에 이 생을 떠난 그녀는 인권을 위해 큰 업적을 남긴 이 시대의 훌륭한 여성이다.

가장 현명한 사람은 큰 불행도 작게 처리하고 어리석은 사람은 조그마한 불행도 현미경으로 확대하여 스스로 큰 고민에 빠진다. - 라 로슈푸코 -

행복과 불행은 모두 마음에 달려 있다.   - 데모 크리토스 -

CHAPTER *12*

여자 30대, 아무도 당신의 모습을
만들어 주지 않는다
스스로 원하는 모습을 만들어라

그 무엇이든 배우고 익혀서 혼자 할 수 있을 때
얻을 수 있는 것이 자유로움이다.
더 잘하면 잘할수록 그 분야에서 더욱 더 자유로와진다.
그리고 다른 사람에게 인정을 받고
때로는 그에 따른 보상을 받기도 한다.

당신이 어떤 열매를 맺고 싶은지 먼저 눈으로 보여 주어라

우리가 먹는 음식의 유행이 지속적으로 변하자 자연이 주는 색상이 우리 인간의 건강을 지켜주므로 자연 식품을 먹어야 한다는 바람이 불기 시작했고, 천연 색소를 지닌 자연 식품을 가리키는 '컬러 푸드' 라는 말이 나왔다.

식물의 천연 색소 성분은 우리 몸에 유해한 활성 산소를 막아 주고, 면역성을 좋게 하고, 노화를 늦추어 주는 등 건강에 유익한 작용을 한다. 붉은 색은 암을 예방하고 이겨내며, 노란색은 몸의 독소를 제거해 주고, 흰색은 면역력을 높여 주고, 검정색은 노화를 늦추고 젊음을 유지하여 준다고 한다. 그리고 초록색은 자연 치유력을 높여 준다고 한다. 색이 짙으면 짙을수록 효능이 더 강하다고 한다.

사과의 빨간색, 오이의 초록색, 당근의 주황색, 바나나의 노란색 등 식물은 저마다 색깔이 있는데, 이것은 식물들이 외적인 자극인 비와 바람과 열과 같은 것에서 자신을 방어하기 위해 만들었다고 한다. 주변으로부터 자신을 방어해야 잘 자라서 열매를 맺을 수 있기 때문이다. 즉, 번식을 유지할 수 있기 때문이다. 각종 식물들이 다른 모습을 하고, 다른 역할을 하고, 다른 색깔을 지니고 있듯이 우리 여성도 각기 다른 모습, 다른 삶, 다른 색깔을 가지고 있을 것이다.

사과가 많이 나는 대구 출신인 나는 사과의 빛깔만 보아도 그 사과가 대충 어떤 맛인지를 안다. 관련 학자들도 식물의 색깔을 보고 그 식물이 어떤 작용을 하는지, 무엇을 품고 있는지 등 많은 부분을 안다고 한다. 우리 여성들이 품고 있는 것도 각자에게서 나타나는 것을 통해 알 수 있다. 우리 속에 있는 것이 겉으로 나타나기 때문이다. 그러므로 우리의 색깔로 우리가 어떤 사람인지, 어떤 가치가 있는 소중한 사람인지를 보여주어야 한다. 그 색깔은 말하고, 행동하고, 삶을 대하고, 특히 자신을 대하는 것으로 드러난다.

인간 외의 자연은 자기 속에 품고 있는 것을 겉으로 그대로 나타낸다. 동물은 화가 나면 화를 그대로 뿜어내지, 참지 않는다. 그러나 인간은 화가 나도 참을 수 있고, 미소를 짓거나 긍정적인 생각이나 말로 누그러뜨릴 수 있는 능력이 있다. 즉, 행동으로써 우리의 감정을 간접적으로 불러 일으킬 수 있다.

전업주부인 당신이 앞으로 직업적 커리어를 쌓을 꿈과 계획을 갖고 있다고 하자. 언젠가 직업적 커리어를 쌓으면 그 커리어에 맞추어 외적 인상을 바꾸어야겠다고 생각할지도 모른다. 그러나 당신이 커리어 우먼이 되려는 꿈과 계획을 갖고 있다면 그 꿈을 꾸고 있는 지금 즉시 그 모습을 하라. 말과 행동과 자세를 앞으로 당신이 직업생활을 할 때의 모습으로 먼저 바꾸라. 그러면 당신을 보는 주변 사람들의 시선이 달라질 것이다. 당신에 대한 주변 사람의 인식이 달라지면 자신을 보는 당신의 인식도 달라진다. 그리고 그 달라진 인식으로 또다시 당신의 말과 행동이 달라진다. 사람은 주변의 기대에 맞는 사람이 되려고 하는 경향이 짙기 때문이다.

당신의 달라진 말과 행동으로 계속하여 주변의 인식이 달라지면 당신 자신에 대한 자부심이 생길 것이다. 그 자부심은 당신으로 하여금 어떤 일을 당당하게 시작할 수 있는 힘을 주므로, 당신은 자신이 생각하는 것보다 훨씬 더 빨리 꿈을 이룰 수 있고, 원하는 모습이 될 수 있을 것이다.

30대의 가정주부로 있을 때 나도 꿈을 가졌다. 언젠가 자녀들이 성장하여 내가 활동해도 될 때 주저함이 없이 '내가 여기 있노라.' 하고 나설 수 있도록 차근차근 준비를 했다. 물론, 외적으로 좋은 인상을 주기 위한 준비도 했다. 최소한 내가 사회 생활을 시작할 때 누가 보아도 내가 그 일을 할만 한 정도의 외모는 지속하도록 노력했다. 그러다 생활에 젖어서 문득 전형적인 가정 주부의 모습으로 변해가는 나를 거울로 비춰 보고는 놀라서 다이어트와 운동으로 체형을 바로잡기도 했다. 때로 직업인들이 모이는 곳에 참석하면 나는 내 외모가 얼마나 직업인의 모습이 아닌지를 깨닫게 되었다. 그때마다 나는 그것을 자극제로 삼아 내가 지금 당장 직업생활을 한다면 어떤 모습이 좋을지 생각하고 최소한의 관리를 하곤 했다.

의상이나 헤어 스타일, 체격, 매너, 행동 방식 등 눈으로 보이는 모든 것은 어느 단체에 대한 소속감을 나타내준다. 사람은 어떤 그룹에 속하고 싶으면 그 그룹에서 통용되는 의상과 헤어 스타일 그리고 매너를 가지려고 한다. 그것으로써 자신이 그곳에 소속되고 싶거나 소속하고 있다는 것을 나타낸다. 반대로 그곳에 소속되고 싶지 않으면 그 그룹 사람들과 스타일이 확연히 달라진다. 예를 들어, 정치인들이 어느 정당의 노선에 속하고 싶을 때와 그렇지 않을 때 의상과 헤어 스타일이 뚜렷이 차이가 나는 것과 같다.

눈에 보이는 것으로써 자신이 무엇을 원하는지, 어떤 사람이기를 원하는지, 어디에 소속되기를 원하는지를 나타내어라. 그것은 다른 사람들에게 자신의 의사를 전달하고, 자신이 원하는 것을 얻는 방법이 된다.

첫 강의를 할 때 나는 오래 전부터 강의를 해온 사람과 같은 외적 인상을 주려고 신경 썼다. 외적 이미지를 만들고 나니 스스로 그런 느낌이 들었고, 다른 사람들도 나를 그렇게 인정하는 듯했다. 그 결과 나는 점점 자연스럽게 강의와 강연을 하는 사람으로 이미지가 변해갔다. 저술을 시작하면서도 내가 저술가인 듯 스스로 생각하고 행동하니, 다른 사람도 나를 그렇게 인정하는 듯했다. 그러다 점점 자연스럽게 나는 진짜 저술가가 되었다.

그렇다고 모든 것에서 무엇인 척 하라는 말은 아니다. 내 말은 먼저 자신이 원하는 것을 이룰 마음 자세를 가지면 그것이 행동으로 나타나고, 성취하는 힘이 될 수 있다는 의미이다.

당신이 어떤 씨앗을 품고 있는지 먼저 말로 들려 주어라

나는 강의를 시작하기 전 내 소개를 할 때 2분 정도의 동영상으로 강의와 관련이 있는 나의 지나온 커리어를 보여 준다. 그리고 과거와 현재에 내가 강의, 세미나, 번역, 저술 등을 하고 있는 이유를 말한다.

내 삶의 존재 목표는 빛과 등대와 같은 사람이 되는 것이다. 빛은 어두운 곳을 밝게 비춰 주고, 차가운 곳을 따뜻하게 해 준다. 생명이 없는 곳에 생명을 주고, 희망이 없는 곳에 꿈을 준다. 그리고 등대는 어두운 바다에서 배들이 어디로 가야 하는지 방향을 알려 준다. 어두움이 짙을수록 등대는 그 빛을 더 환하게 밝히며 더 멀리 비추어야 한다. 나는 그런 빛과 같고 등대와 같은 사람이 되고 싶어서 일을 한다고 사람들에게 말한다.

내가 먼저 그런 말을 하는 이유는 내가 하는 일이 그런 작용을 하기를 바라는 마음에서이다. 내가 왜 강의를 하는지 말을 하고 강의하면 내 귀가 그것을 듣게 되고, 나의 잠재의식이 입력을 하게 된다. 그리고 나의 잠재의식은 나로 하여금 정말로 그렇게 되도록 나를 인도해 준다. 또한 사람들이 내가 그런 연유에서 강의하는 것을 알게 되면 나 자신이 정말로 그런 사람으로 느껴진다. 그 느낌에 따라 나는 내가 말한 그런 사람이 되어간다. 내가 한 말에 책임의식을 느끼면서 그렇게 행하려고 노력하다 보니, 자연히 그런 사람이 되어간다.

당신이 되고 싶은 사람이 있으면 그것을 먼저 말로 표현하라. 말은 생명력이 있어서 살아 움직인다. 말은 씨앗과도 같아서 싹을 틔우고 열매를 맺는다. 당신이 되고 싶은 사람이 있다고 마음이 느끼면 이미 당신 속에 그 씨앗이 들어있는 것이고, 그 씨앗을 싹 틔우려고 말을 하는 것이다. 당신이 하고 싶은 것도, 이루고 싶은 것도 마찬가지이다. 당신이 그것을 이룰 잠재력을 이미 갖고 있기 때문에 당신이 그것에 대해 관심을 갖고 마음에 품고 있는 것이다. 그 마음에 품고 있는 것이 말로 품어져 나오는 것이 그 일을 이루는 다음 단계이다. 말 다음에는 행동이 자연히 따라오게 된다.

나는 기계를 만지는 사람으로 성공하고 싶다는 말을 한 적도 없고, 하지 않을 것이다. 그런 사람이 되고 싶지 않기 때문이다. 그것은 나에게는 그 분야에 관한 잠재력이 별로 없기 때문일 것이다. 나는 훌륭한 강연자가 되고 싶고, 세계적인 베스트 셀러 작가가 되고 싶다고 노래를 부른다.

말은 그것을 이루는 힘이 있다. 당신이 '할 수 있다.'라고 말하는 것은 아직은 하지 않은 것이다. 아직은 열매가 눈에 보이지 않고, 잡을 수 없는 것이다. 그러나 그러한 말을 한다는 것은 씨앗을 땅에 심는 것과 같다. 그 씨앗에 물을 주고 가꾸면 싹이 땅을 뚫고 나와 모습을 드러낸다. 그리고 점점 자라난다. 그것에 '믿음'이라는 더 좋은 환경을 마련해 주면 잘 자라서 그 씨앗 속에 숨겨진 진정한 모습을 완벽하게 드러낸다.

말로써 우선 씨앗을 심어라. 행복한 가정을 이루고 싶은가? 그러면 '나는 행복한 가정을 이룬다, 이루었다.'라고 말하라. 그리고 행복한 가정을 이룬 자신을 생각하면서 행복을 느껴 보라. 행복하기를 원한다면 아침에 일어나자마자 '가정과 아이와 직장에 일이 많은데, 이 하루를 또 어떻게 보내지? 아휴, 힘들어!'라는 생각이 문득 들지라도, 눈을 활짝 뜨고 미소를 지으면서 '나는 참 행복하다!'라고 말해 보라. 아이들이 유치원이나 학교를 가고, 남편이 출근을 한 후에 허전한 마음이 들지라도 또다시 '나는 참 행복하다.'라고 말하라. 그 소리에 행복이 당신의 문을 두드릴 것이다.

능력 있고, 유능한 커리어 우먼이 되고 싶은가? 그러면 자신이 되고 싶은 모습을 먼저 그리라. 그리고 '나는 할 수 있다, 할 수 있다, 나는 분명히 할 수 있다.'라고 말을 하라. 그 말을 하면서 무엇을 할 수 있는지 말하고, 마음속으로 이미지를 그려 보라.

그리고 마치 당신이 그렇게 된 듯 기뻐하고, 누리고, 행동하라. 그런 모습에 근접하게 옷을 입고, 근접한 모습으로 말을 하라. 그런 사람들이 모이는 곳에 가고, 그런 사람들이 쓴 책이나, 읽는 책을 읽어라. 그리고 그런 사람들이 하는 세미나를 듣고, '할 수 있다.'라는 것을 스스로 각인시켜라. 그것이 싹이 트면 땅을 뚫고 그 모습을 드러내지 않을 수 없다.

당신은 풍요로운 삶을 살고 싶은가? 그러면 '나는 엄청난 부자이다.'라고 말하라. 사실 당신이 돈이 없다 해도 마음 먹기에 따라서는 이미 엄청난 부자일 수 있다. 당신의 주변을 보라. 해와 달과 산과 바다와 식물과 바람과 공기와 물과 빛과 모든 것이 값 없이 당신에게 주어졌다. 그것만 바라보고도 당신이 부자임을 느껴라. 그리고 부자의 그릇을 만들라. 그릇이 만들어지면, 이제는 창조주가 당신이라는 그릇에 당신이 원하는 것을 모두 담아 줄 것이다.

당신은 스스로 자부심을 갖고 싶은가? 그렇다면 '나는 내가 참 좋다.'라고 말하라. 거울을 보며 활짝 미소를 지으면서 당신 자신에게 '사랑해!'라고 사랑을 고백하라. 아무도 당신에게 사랑을 고백하지 않아도, 당신에게 고백하라. 당신이 자신에게 하는 고백이 이 세상에서 가장 훌륭하고 진실한 고백이다. 창조주가 당신을 만들고 나서 당신을 보면서 '보기에 심히 좋았더라.'하고 말한 것을 생각하라. 스스로 좋은 느낌이 들지 않더라도 그렇게 하라.

당신의 아기가 자신을 보고 좋다고 하지 않아도, 당신은 당신의 아기가 얼마나 사랑스럽고, 예쁘고, 좋은가? 그렇게 당신을 좋아한다고 말하라. 머지않아 당신은 스스로 얼마나 가치 있고, 사랑받아 마땅한 좋은 사람인지 느끼고 알게 될 것이다. 스스로 자신의 가치를 인정하면 그때부터 당신 주변의 모든 사람들이 당신의 가치를 인정하게 될 것이다.

당신은 기쁘고 즐거운 삶을 원하는가? 그러면 '나는 기쁘다, 나는 기쁘다, 엄청나게 기쁘다.'라고 말하면서 우울해도 마치 기쁜 듯이 활짝 미소를 짓고, 할 수 있다면 '하하하!' 웃음을 터뜨려라. 그리고 다른 사람에게 말을 할 때도 '그저 그렇게 지내.'라고 하지 말고, '나 엄청나게 즐겁게 잘 지내고 있어!' 라는 말의 씨를 뿌려라. 그 말을 하는 순간 그저 그런 삶이 즐겁게 바뀌게 될 것이다. 느낌, 감정은 이미 당신의 행동을 일으키고, 당신의 인생을 바꿀 것이다.

배우고 익히면 자유롭다
자유의 열매는 달콤하다

식물을 보면 덜 익은 열매는 충분히 자신의 빛깔을 나타내지 않는다. 그런 열매는 쓰거나 떫어서 먹을 수가 없다. 설익은 열매를 먹으면 탈이 날 가능성도 많다. 그러나 열매가 충분히 익어서 색이 짙어지면 맛도 있고 영양도 풍부해진다.

사람의 세상살이도 마찬가지이다. 자신이 하고 있는 일을 잘하면 그 일에 대한 자유로움을 얻는다. 일을 잘하면 잘할수록 일이 쉬워지고, 능률이 오르며, 재미도 있고, 그것에서 오는 보상도 크다. 그러나 일에 대해 잘 모르면 모든 것이 어렵고, 재미도 없고, 보상도 없다. 익은 열매가 달콤하고 몸에 좋은 것과 같을 것이다.

30대를 눈앞에 둔 때에 나는 준비 없이 갑자기 독일로 갔기 때문에 독일어를 익히지 못한 채 그곳에 도착했다. 겨우 알파벳과 인사말 정도가 내가 할 수 있는 독일어의 전부였다. 도착하자 처음 독일 사람을 만났다. 나는 내가 알고 있는 인사말을 건넸다. "구텐 탁(안녕하세요)!" 그런데 한 사람은 "그뤼스 곧(안녕하세요)!", 또 다른 사람은 "제르부스(안녕하세요)!"라고 했다. 나는 내가 뭔가 발음을 잘못했다는 생각에 나를 그들에게 소개한 한국 사람의 눈치를 보았다. 세 가지 말은 똑같은 인사였지만 지역에 따라 다르게 표현한 것이었다. 각자 자기 방식대로 인사를 했던 것이고, 상대방은 내가 하는 인사를 알아들었지만, 나는 상대방의 인사를 못 알아들었던 것이다.

그때까지 나도 대학을 졸업하고, 스튜어디스로도 일하고, 은행에도 다니며 직업인으로 활동해서 나름대로 부족함이 없다고 생각했었다. 그런데 독일에서 독일어를 못 한다는 이유로 나는 마치 내가 바보 같아 보였다. 내가 하고 싶은 말을 못 하고, 상대방이 마음대로 말해도 동의할 수밖에 없었다. 나는 자신의 의사도 없고, 개성도 없는 바보 같아서 속이 상했다. 나 자신을 열어서 '나도 한때는 잘 나가던 사람'이라는 것을 보여주고 싶었지만, 표현을 못 하니 그냥 생각 없이 사는 바보처럼 될 수밖에 없었다.

언어가 바로 나 자신의 문을 열어주는 수단이고, 언어가 나로 하여금 표현의 자유를 준다는 것을 절감했다. 언어를 통해 지금까지 내가 살아온 문화를 전달할 수 있고, 상대방의 문화를 받아들여 나의 것을 더 확장시킬 수 있다는 것을 피부로 느꼈다.

말을 못 한다는 것은 모든 문이 꽉 닫혀 있는 것이고, 언어의 감옥에 갇혀 있는 것이다. 언어를 익혀서 그 언어의 감옥에서 벗어나야겠다는 생각이 목젖에까지 차왔다. 그 후 결국 더 이상 공부할 것이 없을 정도로 언어를 익히고 또 익혀서 학위까지 받았고, 통역을 했다. 외국어는 절대로 완벽할 수 없지만, 예전에 독일어를 못할 때와 비교하면 하늘을 나는 자유를 가진 것 같았다. 언어의 문을 열고 나와 나 자신을 전달하고 상대방을 받아들일 수 있게 되었기 때문이었다.

나는 독일어 시험에 합격하고 뮌헨 대학교에 입학을 했다. 그런데 강의를 들을 때 까막눈같이 되어 아무것도 이해할 수 없었다. 세미나에서도 무엇을 해야 하는지 알 수 없었다. 독일 학생에게 체면은 꾹 덮어둔 채 물어보고, 노트를 빌리고, 책을 읽고, 공부를 했다. 드디어 어느 정도 시간이 흘러 대충 무슨 내용으로 강의를 하는지 알게 되었고, 세미나에서 무엇을 해야 하는지 눈치를 챌 수 있게 되었다. 그리고 또 세월이 흘러 나는 세미나 논문을 쓰고, 30분 이상 걸리는 발표도 하고, 토론도 할 수 있게 되었다. 교정을 거치지 않으면 논문을 내지 못했고, 발표도 하지 못했는데, 이제 아무 도움 없이도 혼자 논문을 쓰고, 발표도 할 수 있게 되었다. 그것이 바로 앎이 주는 자유로움이었다. 내가 다른 사람에게 얽매이지 않고 홀로 설 수 있고, 홀로 날 수 있는 정도의 자유로움이었다.

나는 어린 자녀들이 유아원과 유치원에 있는 틈을 타서 학교도 갔지만 아르바이트도 했다. 주로 통역과 가이드를 했는데, 처음에 가이드를 할 때는 어디서부터 무엇에 대해 설명을 하고, 안내를 해야 하는지 몰랐다. 길도 몰랐기 때문에 지도를 펴놓고 노선을 익히느라 애를 썼다. 그러나 일이 익숙해지면서 여행객들이 무엇을 원하는지 대충 듣기만 해도 나는 모든 노선이 머리에 떠올랐다. 그들을 만나러 가면서 관련 내용을 정리하여 자유롭게 안내했다.

강의도 마찬가지였다. 처음 강의를 할 때는 여러 주 동안 준비를 했다. 그 강의에 대한 두려움과 스트레스 때문에 잠을 이룰 수 없었다. 첫 강의를 하러 강의장에 들어가는 순간 나는 마치 도살장에 끌려가는 소와 같은 기분이 들었다. 그러나 3개월이 지난 후부터는 어느 정도 강의가 익숙해져서 즐기기 시작했다. 내가 마치 모노 드라마의 주인공 같은 기분이 들었다. 지금은 하루만 시간을 주면 무슨 강의든 준비를 거뜬히 한다. 강의에 대해 준비가 되어 있는 것은 마치 날개를 다는 것과 같은 자유를 나에게 준다.

그러다가 준비되지 않은 내용을 강의해야 할 때면 또다시 도살장에 끌려가는 소처럼 자유가 없어진다. 그래서 나는 글을 쓰기 시작했다. 언어의 자유로움을 얻기 위해서이다. 처음 한 장의 칼럼을 쓸 때는 일주일 내내 고민을 하고도 쓰지 못했다. 그러나 이제 조금만 시간을 주면 얼마든지 쓸 수 있다. 언어가 무르익고 생각이 정리되어 있으면 언제, 어디서나 자유롭게 말을 하고, 글을 쓸 수 있을 것이다. 내가 하고 싶은 말을 하고, 상대방이 듣고 싶은 말도 할 수 있을 것이다. 생각을 정리하고 말을 하고 글을 쓰는 것은 나에게는 날개를 다는 자유로움을 뜻한다.

첫 아이를 낳았을 때 나는 어떻게 아이를 양육해야 하는지 몰랐다. 모유가 나오지 않아서 다른 사람의 말만 듣고 아예 끊어버리기 위해 약을 먹었다가 며칠 간 몸이 아파서 혼이 난 적도 있다. 어떻게 아이를 목욕시키는지, 수유를 하는지도 몰랐고, 아이와 함께 있는 시간 동안 무엇을 해야 할지 계획하는 것도 서툴렀다. 그러나 아이가 자라면서 노하우가 생기게 되었다. 아이가 우는 이유를 알 수 있게 되었고, 아이가 울어도 예전과 같이 허둥대지 않고 여유를 가지고 대처할 수 있게 되었다. 두 번째 아이를 낳았을 때는 좀 더 여유가 있었다. 어떻게 해야 하는지를 알았기 때문이다. '아는 것이 힘이다.' 라는 말이 있지만, 나는 '아는 것이 자유다.' 라고 말하고 싶다.

결혼을 해서 처음에는 김치 담는 법을 몰랐다. 말로 듣기는 했지만 담는 것을 직접 본 적이 없었다. 급한 김에 언니에게 김치 담는 법을 듣고 실행했는데, 시간이 너무나 많이 걸리고, 만드는 순서가 바뀌어 맛이 덜했다. 그러나 시간이 흘러 여러 번 하다 보니 익숙해져서 이제 배추김치, 깍두기, 물김치, 총각 김치 등 못 담는 김치가 없다. 그렇게 시간도 많이 들지 않고, 스트레스도 없이 그냥 담는다. 그것이 자유로움이다.

그 무엇이든 배우고 익혀서 혼자 할 수 있을 때 얻을 수 있는 것이 자유로움이다. 더 잘하면 잘할수록 그 분야에서 더욱더 자유로와진다. 그리고 다른 사람에게 인정을 받고 때로는 그에 따른 보상을 받기도 한다. 당신의 꿈과 관련된 것을 배우고 익혀서 자유로움을 가져 보라. 분명 그 꿈은 머지않아 현실이 되어갈 것이다. 목표한 것이 있으면 그 목표를 달성하기 위해 필요한 것을 배우고 익혀서 자유로움을 얻어 보라. 노력에 드는 시간은 힘이 들지라도 그 열매는 달콤할 것이다.

당신은 어떤 여자이고 싶은가요
〈사회적 성공〉

나(○○○)는 ……

당신은 어떤 여자이고 싶은가요
〈가정적 사랑〉

나(○○○)는 ……

당신은 어떤 여자이고 싶은가요
〈인간적 행복〉

나(○○○)는 ……

인생을 바꾸는 30대 여자의 자기혁명

최고의 인생을 만들기 위한 자기혁명 1

💋 이미 당신은 풍요와 성공과 행복과 건강을 가지고 이 세상에 태어났다. 그 사실을 믿어라. 그러면 그 모든 것을 누리게 될 것이다.

💋 꿈을 갖고 당신이 원하는 것을 이룰 수 있다는 믿음을 가지라. 당신이 원하는 것이 자석처럼 당신에게로 끌려올 것이다.

💋 당신이 무엇을 원하는지 스스로 결정하라. 스스로 결정하지 않으면 타인에 의해 그것이 결정될 것이다. 타인은 당신이 원하는 곳이 아니라, 원하지 않는 곳으로 데려갈 가능성이 훨씬 크다.

최고의 인생을 만들기 위한 자기혁명 2

💋 당신의 꿈과 비전을 당신의 눈앞에 두고 또렷이 바라보라. 그것이 당신에게 갈 길을 제시해 줄 것이다.

💋 세상이 어디로 흘러가는지 그 방향을 놓치지 마라. 그러면 당신의 때가 왔을 때 당신이 어디로 향해야 할지를 알게 될 것이다.

💋 준비하라. 아직은 길이 보이지 않아도 준비하라. 그러면 기회가 당신 곁을 지나갈 때 그 기회를 거머쥘 수 있을 것이다.

최고의 인생을 만들기 위한 자기혁명 3

💋 당신 자신의 몸을 뜨겁게 사랑하고 귀하게 아껴 주어라. 그 래야 당신이 주변의 사랑과 귀하게 여김을 받게 될 것이다.

💋 당신의 입을 통해 긍정적인 말만 품어져 나오도록 하라. 그 말의 열매를 당신이 먹게 될 것이기 때문이다.

💋 인생의 쓴맛을 보고 있다면 차라리 기뻐하라. 덜 익은 열매 는 쓴 법, 당신은 인생의 탐스러운 열매를 맺고 있는 중이기 때문이다.

최고의 인생을 만들기 위한 자기혁명 4

💋 절대로 완벽하려고 애쓰지 마라. 완벽하려고 노력하면 할수 록 불만은 커져 갈 것이다.

💋 누군가의 기대에 따라 흔들리지 말고 당신 자신이 원하는 것 을 하라. 당신의 삶은 어느 누군가의 것이 아니라 바로 당신 자신의 것이기 때문이다.

💋 누군가를 위해 사랑의 수고를 했다면 그 자체로 기뻐하고 대 가를 바라지 마라. 사랑의 수고를 할 수 있다는 것이 바로 축 복이기 때문이다.

최고의 인생을 만들기 위한 자기혁명 5

💋 자신이 하는 일에서 성공하기를 바란다면 그 일을 즐기라. 사람은 자신이 즐기는 일을 자주하게 되고, 자주 하는 일은 잘하게 되고, 잘하는 일은 성공하기 마련이다.

💋 당신이 진정으로 이 세상에 살아있음을 느끼려면 일을 가지라. 일은 당신이 세상과 소통하는 길이며 호흡이기 때문이다.

💋 어제의 직업이 내일이면 없어질 수도 있는 급변하는 세상이다. 오늘 직업 세계의 변화에 깨어서 준비하지 않으면, 내일은 어두운 뒤안길에 머무를 수밖에 없을 것이다.

최고의 인생을 만들기 위한 자기혁명 6

💋 식물은 씨를 맺음으로써 또 다른 생명을 준비한다. 자연의 법칙에 저항하지 마라. 당신도 자연의 법칙에 따라 이 세상에 태어났다.

💋 자녀에게 아무것도 바라지 마라. 자녀가 태어나서 자라나는 것을 보는 기쁨만으로도 당신은 이미 그 보상을 받았다.

💋 자녀가 당신의 것이라는 생각은 추호도 하지 마라. 당신은 단지 자녀를 맡은 자로서 그 역할을 충실히 해야 할 뿐이다.

최고의 인생을 만들기 위한 자기혁명 7

🌷 가슴 두근거리는 뜨거운 사랑의 감정을 느끼지 못한다고 사랑이 식었다고 아쉬워하지 마라. 다시 그 사랑에 불을 지필 또 다른 방법을 생각해 보라.

🌷 당신의 바로 곁에 있는 사람을 사랑하고 축복하고 세상에 환한 빛이 되도록 도와주라. 그러면 당신이 사랑과 축복의 빛이 가득한 곳에서 살게 될 것이다.

🌷 싱싱한 꽃에서 훨씬 더 좋고 강한 에너지를 받을 수 있다. 항상 건강하고 활기찬 모습으로 당신의 활력을 주변에 불어넣는 사람이 되라.

최고의 인생을 만들기 위한 자기혁명 8

🌷 당신과 함께 하는 사람들을 보물이라고 생각하며 보물을 다루듯 귀하게 대해 주라. 언젠가 그 사람들은 정말로 당신의 보물이 될 것이다.

🌷 아직 성공하지 않은 사람이 성공하도록 도와주라. 후일 그가 당신이 성공의 정상으로 가는 길에 큰 힘이 될 것이다.

🌷 삶이 어둡고 칙칙하고 답답하다는 생각이 드는 날에는 눈을 활짝 뜨고 주위를 살펴보라. 행운은 그것을 잡을 눈이 있는 사람만 볼 수 있도록 고통의 보따리에 쌓여서 살며시 다가오기 때문이다.

최고의 인생을 만들기 위한 자기혁명 9

💋 돈에 대해 부정적인 생각을 하는 것은 돈이 다가오지 못하도록 피뢰침을 놓는 것과 같다. 돈에 대해 긍정적으로 생각하라. 그러면 돈이 당신 곁을 지나갈 때 손에 잡을 수 있을 것이다.

💋 당신만의 경제력을 갖도록 하라. 경제력이 없으면 당신의 영혼이 돈에 얽매이게 된다. 마치 사슬에 매인 듯 당신이 원하지 않은 곳으로 가야 할 수도 있다.

💋 땅이 깊을수록 물이 많이 고이게 된다. 당신이 하는 일에 폭과 깊이를 더하라. 바로 그곳에 물질이 가득 고이게 될 것이다.

최고의 인생을 만들기 위한 자기혁명 10

💋 당신이 자신의 시간을 활용하지 않으면 다른 사람이 당신의 시간을 빼앗아 활용할 것이다. 그러면 결국 당신은 자신의 삶을 살 수 없게 된다.

💋 같은 시간이라고 누구에게나 똑같은 가치와 길이를 가지는 것은 아니다. 시간을 어떻게 사용하느냐에 따라서 누구는 같은 시간에 금을 얻고, 누구는 같은 시간에 은을 얻으며, 누구는 같은 시간에 빈손이 될 수도 있다.

💋 시간은 참으로 정직하다. 만약 당신이 시간을 귀한 한 그루의 나무를 키우듯 소중하게 가꾸면 시간은 당신에게 달콤한 열매를 안겨줄 것이다.

최고의 인생을 만들기 위한 자기혁명 11

🌸 더 이상 바랄 것이 없다고 만족하며 배를 두드리는 사람을 부러워하지 마라. 약간의 부족함은 당신으로 하여금 당신의 눈을 초롱초롱 빛나게 하고, 당신의 머리를 깨어있게 할 것이다.

🌸 당신의 마음을 지키되 왕의 성벽을 지키듯 밤낮 지키라. 귀한 보물은 성문을 활짝 열어 들어오도록 하고, 적과 쓰레기는 절대 들어오지 못하게 하라.

🌸 주변 환경은 나와 상관없이 늘 예기치 않은 풍랑이 치기 마련이다. 땅속에 뿌리를 깊이 내린 나무처럼 심지를 견고히 하면 주변에 좌지우지하는 삶을 살지 않게 될 것이다.

최고의 인생을 만들기 위한 자기혁명 12

🌸 당신이 원하는 것을 이룬 후의 외적 이미지를 갖도록 하라. 그러면 당신은 놀라울 정도로 빨리 당신이 원하는 것을 이루게 될 것이다.

🌸 당신이 원하는 것이 무엇이건 그것을 '할 수 있다.'고 입으로 내뱉으라. 그러면 당신은 잠을 자건, 산책을 하건 그 말을 이루기 위해 밤낮 일을 하고, 결국 이루어 낼 것이다.

🌸 당신이 원하는 것이 있으면 그것에 대해서 배우고 익히라. 그러면 그 일을 자유롭게 할 수 있게 될 것이고, 결국 당신은 달콤한 열매를 가슴 가득 안게 될 것이다.

에필로그

　현대판 신데렐라의 이야기라고 한동안 유럽 사람들의 입에 오르내렸고, 여전히 그들에게 관심의 중심이 되고 있는 노르웨이의 왕세자 하콘과 왕세자비 메테마리의 결혼은 결국 해피 스토리로 진행이 되고 있다. 메테마리의 이전 삶을 살펴보면 하콘과 같은 왕세자비와는 전혀 어울릴 수 없는 처지와 환경에 있었다. 그녀는 서민 출신일 뿐 아니라 마약 등 어두운 세계에 연루된 과거가 있는 미혼모였다. 한 나라의 왕세자비의 자리에 오르기에는 엄청난 벽이 그녀 앞에 자리잡고 있었다.

　결혼이 임박해질 무렵까지도 메테마리는 자신의 과거를 인정하고 싶지 않았는지 거기에 대해 언급하지 않았다. 그러나 결혼 며칠 전 그녀는 하콘의 손을 잡고 노르웨이 국민 앞에 나타나 자신의 어두웠던 과거를 고백하고, 그 과거가 잘못되었다는 것을 인정했다. 그녀는 앞으로의 날을 새롭게 살아갈 것을 알렸고, 노르웨이는 그것을 받아들였다.

　하콘과 메테마리의 굳은 사랑과 의지 앞에 결국 노르웨이 왕실과 국민도 메테마리에게 왕궁으로 향하는 문을 열어주었다. 그녀는 혼전 자녀인 마리우스와 더불어 공주와 왕자를 낳아 현재 2남 1녀의 엄마이자 왕세자비로서 자신의 역할을 하고 있다.

지금까지 당신의 삶이 어찌 되었건 그것은 이미 지나간 것이다. 이 순간부터 당신은 새로운 삶을 살아갈 수 있다. 당신이 인정할 때 주변도 당신의 새로운 시작을 인정할 수 있게 된다. 노르웨이 왕실과 국민이 메테마리의 왕궁 입성을 인정한 것은 노르웨이의 민주국가다운 행동이었다고 생각한다. 그들의 사랑도 큰 힘이 되었겠지만, 그 무엇보다도 굳건한 의지와 자신에 대한 믿음으로 메테마리는 부술 수 없는 벽을 깨뜨렸다.

당신은 어떠한 사람인가? 당신은 그런 행운을 잡아도 가질 자격이 없는 사람이라고 생각하는가? 자격이 없는 사람은 이 세상에 아무도 없다. 당신 자신이 스스로 자격이 없다 생각할 뿐이고, 주변에서 당신에게 자격이 없다고 하는 것을 당신이 믿고 있을 따름이다. 그 생각이 당신으로 하여금 그 어떤 행운도 잡지 못하게 막는 강력한 벽이다. 그 벽을 스스로 깨뜨려라.

당신은 행복한 인생을 원하는가? 언젠가 때가 오면 그런 인생을 살게 되리라고 생각하지 마라. 지금 문 앞에서 행복이 문을 두드리고 있다. 귀를 기울여 보라. 그 소리를 들으려면 먼저 당신이 행복과 풍요와 건강과 성공을 누릴 자격이 있는 사람임을 인정하라. 소리가 들리는 듯 하는가? 주저하지 말고 그 문을 활짝 열고 그 속으로 성큼성큼 걸어 들어가라. 주변의 소리에 마음을 빼앗기지 말고, 당신 내면의 소리를 듣도록 하라. 행복의 해답은 바로 당신의 내면에 들어있다.

참고문헌

- Stephan Gebauer, und Ulrike Zehetmayr, 『Gelebte Geschichte von Hillary Rodham Clinton』, Ullstein Tb, 2007
- Carl Bernstein und Stephan Gebauer, 『Hillary Clinton - Die Macht einer Frau』, Droemer / Knaur, 2008
- Madeleine Albright, Bill Woodward, und Reinhard Kreissl, 『Amerika - du kannst es besser : Was ein guter Präsident tun und was er lassen sollte』, Droemer / Knaur, 2008
- Madeleine K. Albright, Holger Fliessbach, und Angela Schumitz, 『Madame Secretary : Die Autobiographie』, Goldmann, 2005
- Gerd Langguth, 『Angela Merkel. Aufstieg zur Macht. Biografie』, Dtv, 2007
- Ein Gespräch mit Hugo Müller - Vogg, Angela Merkel und Hugo Müller-Vogg, 『Angela Merkel - Mein Weg』, Hoffmann und Campe, 2005
- Jel D. Lewis(Jones), 『Oprah Winfrey』, Xlibris Corporation, 2007
- Nicholas Wapshott und George Brock, 『Margaret Thatcher. Eine Frau regiert in Downing Street』, Busse - Seewald Verlag, 1984
- Erich Schaake, 『Condoleezza Rice : Die Frau an der Spitze der Macht』, Herbig, 2005
- Martha Stewart, 『The Martha Rules : 10 Essentials for Achieving Success as You Start, Build or Manage a Business』, Rodale Pr, 2006

가림출판사 · 가림M&B · 가림Let's에서 나온 책들

알기 쉬운 **심장병 119**
박승정 지음 / 신국판 / 248쪽 / 9,000원

알기 쉬운 **고혈압 119**
이정균 지음 / 신국판 / 304쪽 / 10,000원

여성을 위한 **부인과질환의 예방과 치료**
차선희 지음 / 신국판 / 304쪽 / 10,000원

알기 쉬운 **아토피 119**
이승규 · 임숭엽 · 김문호 · 안유일 지음 / 신국판 / 232쪽 / 9,500원

120세에 도전한다
이권행 지음 / 신국판 / 308쪽 / 11,000원

건강과 아름다움을 만드는 요가
정관식 지음 / 4×6배판 변형 / 224쪽 / 14,000원

우리 아이 건강하고 아름다운 **롱다리 만들기**
김성훈 지음 / 대국전판 / 236쪽 / 10,500원

알기 쉬운 **허리디스크 예방과 치료**
이종서 지음 / 대국전판 / 336쪽 / 12,000원

소아과 전문의에게 듣는 알기 쉬운 **소아과 119**
신영규 · 이강우 · 최성항 지음 / 4×6배판 변형 / 280쪽 / 14,000원

피가 맑아야 건강하게 오래 살 수 있다
김영찬 지음 / 신국판 / 256쪽 / 10,000원

웰빙형 피부 미인을 만드는 **나만의 셀프 피부건강**
양해원 지음 / 대국전판 / 144쪽 / 10,000원

내 몸을 살리는 생활 속의 웰빙 **항암 식품**
이승남 지음 / 대국전판 / 248쪽 / 9,800원

마음한글, 느낌한글
박완식 지음 / 4×6배판 / 300쪽 / 15,000원

웰빙 동의보감식 **발마사지 10분**
최미희 지음 / 신재용 감수 / 4×6배판 변형 / 204쪽 / 13,000원

아름다운 몸, 건강한 몸을 위한 **목욕 건강 30분**
임하성 지음 / 대국전판 / 176쪽 / 9,500원

내가 만드는 **한방생주스 60**
김영섭 지음 / 국판 / 112쪽 / 7,000원

몸을 살리는 건강식품
백은희 · 조창호 · 최양진 지음 / 신국판 / 384쪽 / 11,000원

건강도 키우고 성적도 올리는 자녀 건강
김진돈 지음 / 신국판 / 304쪽 / 12,000원

알기 쉬운 **간질환 119**
이관식 지음 / 신국판 / 264쪽 / 11,000원

밥으로 병을 고친다
허봉수 지음 / 대국전판 / 352쪽 / 13,500원

알기 쉬운 **신장병 119**
김형규 지음 / 신국판 / 240쪽 / 10,000원

마음의 감기 치료법 **우울증 119**
이민수 지음 / 대국전판 / 232쪽 / 9,800원

관절염 119
송영욱 지음 / 대국전판 / 224쪽 / 9,800원

내 딸을 위한 미성년 클리닉
강병문 · 이향아 · 최정원 지음 / 국판 / 148쪽 / 8,000원

암을 다스리는 **기적의 치유법**
케이 세이헤이 감수 / 카와키 나리카즈 지음 / 민병수 옮김
신국판 / 256쪽 / 9,000원

스트레스 다스리기
대한불안장애학회 스트레스관리연구특별위원회 지음
신국판 / 304쪽 / 12,000원

천연 식초 건강법 건강식품연구회 엮음 / 신재용(해성한의원 원장) 감수
신국판 / 252쪽 / 9,000원

암에 대한 모든 것
서울아산병원 암센터 지음 / 신국판 / 360쪽 / 13,000원

알록달록 **컬러 다이어트**
이승남 지음 / 국판 / 248쪽 / 10,000원

당신도 부모가 될 수 있다
정명준 지음 / 신국판 / 268쪽 / 9,500원

키 10cm 더 크는 **키네스 성장법** 김양수 · 이종균 · 최형규 · 표재환 · 김문희 지음

대국전판 / 312쪽 / 12,000원

당뇨병 백과
이현철 · 송영득 · 안철우 지음 / 4×6배판 변형 / 396쪽 / 16,000원

호흡기 클리닉 119
박성학 지음 / 신국판 / 256쪽 / 10,000원

키 쑥쑥 크는 롱다리 만들기
롱다리 성장클리닉 원장단 지음 / 4×6배판 변형 / 256쪽 / 11,000원

내 몸을 살리는 건강식품
백은희 · 조창호 · 최양진 지음 / 신국판 / 368쪽 / 11,000원

내 몸에 맞는 운동과 건강
하철수 지음 / 신국판 / 264쪽 / 11,000원

교 육

우리 교육의 창조적 백색혁명
원상기 지음 / 신국판 / 206쪽 / 6,000원

현대생활과 체육
조창남 외 5명 공저 / 신국판 / 340쪽 / 10,000원

퍼펙트 MBA IAE유학네트 지음 / 신국판 / 400쪽 / 12,000원

유학길라잡이 Ⅰ - 미국편
IAE유학네트 지음 / 4×6배판 / 372쪽 / 13,900원

유학길라잡이 Ⅱ - 4개국편
IAE유학네트 지음 / 4×6배판 / 348쪽 / 13,900원

조기유학길라잡이.com
IAE유학네트 지음 / 4×6배판 / 428쪽 / 15,000원

현대인의 건강생활
박상호 외 5명 공저 / 4×6배판 / 268쪽 / 15,000원

천재아이로 키우는 두뇌훈련
나카마츠 요시로 지음 / 민병수 옮김 / 국판 / 288쪽 / 9,500원

두뇌혁명
나카마츠 요시로 지음 / 민병수 옮김 / 4×6판 양장본 / 288쪽 / 12,000원

테마별 고사성어로 익히는 한자
김경익 지음 / 4×6배판 변형 / 248쪽 / 9,800원

生생 공부비법 이은숭 지음 / 대국전판 / 272쪽 / 9,500원

자녀를 성공시키는 **습관만들기**
배은경 지음 / 대국전판 / 232쪽 / 9,500원

한자능력검정시험 1급
한자능력검정시험연구위원회 편저 / 4×6배판 / 568쪽 / 21,000원

한자능력검정시험 2급
한자능력검정시험연구위원회 편저 / 4×6배판 / 472쪽 / 18,000원

한자능력검정시험 3급(3급Ⅱ)
한자능력검정시험연구위원회 편저 / 4×6배판 / 440쪽 / 17,000원

한자능력검정시험 4급(4급Ⅱ)
한자능력검정시험연구위원회 편저 / 4×6배판 / 352쪽 / 15,000원

한자능력검정시험 5급
한자능력검정시험연구위원회 편저 / 4×6배판 / 264쪽 / 11,000원

한자능력검정시험 6급
한자능력검정시험연구위원회 편저 / 4×6배판 / 168쪽 / 8,500원

한자능력검정시험 7급
한자능력검정시험연구위원회 편저 / 4×6배판 / 152쪽 / 7,000원

한자능력검정시험 8급
한자능력검정시험연구위원회 편저 / 4×6배판 / 112쪽 / 6,000원

볼링의 이론과 실기 이택상 지음 / 신국판 / 192쪽 / 9,000원

고사성어로 끝내는 천자문
조준상 글 · 그림 / 4×6배판 / 216쪽 / 12,000원

내 아이 스타 만들기
김민성 지음 / 신국판 / 200쪽 / 9,000원

교육 1번지 강남 엄마들의 **수험생 자녀 관리**
황송주 지음 / 신국판 / 288쪽 / 9,500원

초등학생이 꼭 알아야 할 **위대한 역사 상식**
우진영 · 이양경 지음 / 4×6배판 변형 / 228쪽 / 9,500원

초등학생이 꼭 알아야 할 **행복한 경제 상식**

우진영 · 전선심 지음 / 4×6배판 변형 / 224쪽 / 9,500원

초등학생이 꼭 알아야 할 재미있는 과학상식
우진영 · 정경희 지음 / 4×6배판 변형 / 220쪽 / 9,500원

한자능력검정시험 3급 · 3급 II
한자능력검정시험연구위원회 편저 / 4×6판 / 380쪽 / 7,500원

교과서 속에 꼭꼭 숨어있는 이색박물관 체험 이신화 지음
대국전판 / 248쪽 / 12,000원

초등학생 독서 논술(저학년) 책마루 독서교육연구회 지음
4×6배판 변형 / 244쪽 / 14,000원

초등학생 독서 논술(고학년) 책마루 독서교육연구회 지음
4×6배판 변형 / 236쪽 / 14,000원

놀면서 배우는 경제
김솔 지음 / 대국전판 / 196쪽 / 10,000원

건강생활과 레저스포츠 즐기기
강선희 외 14명 공저 / 4×6배판 / 324쪽 / 18,000원

아이의 미래를 바꿔주는 좋은 습관
배은경 지음 / 신국판 / 216쪽 / 9,500원

취미 · 실용

김진국과 같이 배우는 와인의 세계
김진국 지음 / 국배판 변형양장본(올 컬러판) / 208쪽 / 30,000원

경제 · 경영

CEO가 될 수 있는 성공법칙 101가지
김승룡 편역 / 신국판 / 320쪽 / 9,500원

정보소프트 김승룡 지음 / 신국판 / 324쪽 / 6,000원

기획대사전 다카하시 겐코 지음 / 홍영의 옮김
신국판 / 552쪽 / 19,500원

맨손창업 · 맞춤창업 BEST 74
양혜숙 지음 / 신국판 / 416쪽 / 12,000원

무자본, 무점포 창업! FAX 한 대면 성공한다
다카시로 고시 지음 / 홍영의 옮김 / 신국판 / 226쪽 / 7,500원

성공하는 기업의 인간경영 중소기업 노무 연구회 편저 / 홍영의 옮김
신국판 / 368쪽 / 11,000원

21세기 IT가 세계를 지배한다
김광희 지음 / 신국판 / 380쪽 / 12,000원

경제기사로 부자아빠 만들기
김기태 · 신현태 · 박근수 공저 / 신국판 / 388쪽 / 12,000원

포스트 PC의 주역 정보가전과 무선인터넷
김광희 지음 / 신국판 / 356쪽 / 12,000원

성공하는 사람들의 마케팅 바이블
채수명 지음 / 신국판 / 328쪽 / 12,000원

느린 비즈니스로 돌아가라
사카모토 게이이치 지음 / 정성호 옮김 / 신국판 / 276쪽 / 9,000원

적은 돈으로 큰돈 벌 수 있는 부동산 재테크
이원재 지음 / 신국판 / 340쪽 / 12,000원

바이오혁명
이주영 지음 / 신국판 / 328쪽 / 12,000원

성공하는 사람들의 자기혁신 경영기술
채수명 지음 / 신국판 / 344쪽 / 12,000원

CFO 교텐 토요오 · 타하라 오키시 지음 / 민병수 옮김
신국판 / 312쪽 / 12,000원

네트워크시대 네트워크마케팅
임동학 지음 / 신국판 / 376쪽 / 12,000원

성공리더의 7가지 조건
다이앤 트레이시 · 윌리엄 모건 지음 / 지창영 옮김
신국판 / 360쪽 / 13,000원

김종결의 성공창업
김종결 지음 / 신국판 / 340쪽 / 12,000원

최적의 타이밍에 내 집 마련하는 기술
이원재 지음 / 신국판 / 248쪽 / 10,500원

컨설팅 세일즈 *Consulting sales*
임동학 지음 / 대국전판 / 336쪽 / 13,000원

연봉 10억 만들기
김농주 지음 / 국판 / 216쪽 / 10,000원

주5일제 근무에 따른 한국형 주말창업
최효진 지음 / 신국판 변형 양장본 / 216쪽 / 10,000원

돈 되는 땅 돈 안되는 땅
김영준 지음 / 신국판 / 320쪽 / 13,000원

돈 버는 회사로 만들 수 있는 109가지
다카하시 도시노리 지음 / 민병수 옮김 / 신국판 / 344쪽 / 13,000원

프로는 디테일에 강하다
김미현 지음 / 신국판 / 248쪽 / 9,000원

머니투데이 송복규 기자의 부동산으로 주머니돈 100배 만들기
송복규 지음 / 신국판 / 328쪽 / 13,000원

성공하는 슈퍼마켓&편의점 창업
나명환 지음 / 4×6배판 변형 / 500쪽 / 28,000원

대한민국 성공 재테크 부동산 펀드와 리츠로 승부하라
김영준 지음 / 신국판 / 256쪽 / 12,000원

마일리지 200% 활용하기
박성희 지음 / 국판 변형 / 200쪽 / 8,000원

1%의 가능성에 도전, 성공 신화를 이룬 여성 CEO
김미현 지음 / 신국판 / 248쪽 / 9,500원

3천만 원으로 부동산 재벌 되기
최수길 · 이숙 · 조연희 지음 / 신국판 / 290쪽 / 12,000원

10년을 앞설 수 있는 재테크
노동규 지음 / 신국판 / 260쪽 / 10,000원

세계 최강을 추구하는 도요타 방식
나카야마 키요타카 지음 / 민병수 옮김 / 신국판 / 296쪽 / 12,000원

최고의 설득을 이끌어내는 프레젠테이션
조두환 지음 / 신국판 / 296쪽 / 11,000원

최고의 만족을 이끌어내는 창의적 협상
조강회 · 조원회 지음 / 신국판 / 248쪽 / 10,000원

New 세일즈 기법 물건을 팔지 말고 가치를 팔아라
조기선 지음 / 신국판 / 264쪽 / 9,500원

작은 회사는 전략이 달라야 산다
황문진 지음 / 신국판 / 312쪽 / 11,000원

돈되는 슈퍼마켓&편의점 창업전략(입지 편)
나명환 지음 / 신국판 / 352쪽 / 13,000원

25 · 35 꼼꼼 여성 재테크
정원훈 지음 / 신국판 / 224쪽 / 11,000원

대한민국 2030 독특하게 창업하라
이상헌 · 이호 지음 / 신국판 / 288쪽 / 12,000원

왕초보 주택 경매로 돈 벌기
천관성 지음 / 신국판 / 268쪽 / 12,000원

New 마케팅 기법 (실천편) 물건을 팔지 말고 가치를 팔아라 2
조기선 지음 / 신국판 / 240쪽 / 10,000원

주 식

개미군단 대박맞이 주식투자
홍성걸(한양증권 투자분석팀 팀장) 지음 / 신국판 / 310쪽 / 9,500원

알고 하자! 돈 되는 주식투자
이길영 외 2명 공저 / 신국판 / 388쪽 / 12,500원

항상 당하기만 하는 개미들의 매도 · 매수타이밍 999% 적중 노하우
강경무 지음 / 신국판 / 336쪽 / 12,000원

부자 만들기 주식성공클리닉
이창희 지음 / 신국판 / 372쪽 / 11,500원

선물 · 옵션 이론과 실전매매
이창희 지음 / 신국판 / 372쪽 / 12,000원

너무나 쉬워 재미있는 주가차트
홍성무 지음 / 4×6배판 / 216쪽 / 15,000원

주식투자 직접 투자로 높은 수익을 올릴 수 있는 비결
김학균 지음 / 신국판 / 230쪽 / 11,000원

역 학

역리종합 **만세력** 정도명 편저 / 신국판 / 532쪽 / 10,500원
작명대전 정보국 지음 / 신국판 / 460쪽 / 12,000원
하락이수 해설 이천교 편저 / 신국판 / 620쪽 / 27,000원
현대인의 창조적 **관상과 수상** 백운산 지음 / 신국판 / 344쪽 / 9,000원
대운영신영부적 정재원 지음 / 신국판 양장본 / 750쪽 / 39,000원
사주비결활용법 이세진 지음 / 신국판 / 392쪽 / 12,000원
컴퓨터세대를 위한 新**성명학대전** 박용찬 지음 / 신국판 / 388쪽 / 11,000원
길흉화복 꿈풀이 비법 백운산 지음 / 신국판 / 410쪽 / 12,000원
새천년 **작명컨설팅** 정재원 지음 / 신국판 / 492쪽 / 13,900원
백운산의 **신세대 궁합** 백운산 지음 / 신국판 / 304쪽 / 9,500원
동자삼 작명학 남시모 지음 / 신국판 / 496쪽 / 15,000원
구성학의 기초 문길여 지음 / 신국판 / 412쪽 / 12,000원
소울음소리 이건우 지음 / 신국판 / 314쪽 / 10,000원

법률 일반

여성을 위한 **성범죄 법률상식**
조명원(변호사) 지음 / 신국판 / 248쪽 / 8,000원
아파트 난방비 75% 절감방법
고영근 지음 / 신국판 / 238쪽 / 8,000원
일반인이 꼭 알아야 할 절세전략 173선
최성호(공인회계사) 지음 / 신국판 / 392쪽 / 12,000원
변호사와 함께하는 **부동산 경매**
최환주(변호사) 지음 / 신국판 / 404쪽 / 13,000원
혼자서 쉽고 빠르게 할 수 있는 **소액재판**
김재용 · 김종철 공저 / 신국판 / 312쪽 / 9,500원
"술 한 잔 사겠다"는 말에서 찾아보는 **채권 · 채무**
변환철(변호사) 지음 / 신국판 / 408쪽 / 13,000원
알기쉬운 **부동산 세무 길라잡이**
이건우(세무서 재산계장) 지음 / 신국판 / 400쪽 / 13,000원
알기쉬운 **어음, 수표 길라잡이**
변환철(변호사) 지음 / 신국판 / 328쪽 / 11,000원
제조물책임법
강동근(변호사) · 윤종성(검사) 공저 / 신국판 / 368쪽 / 13,000원
알기 쉬운 **주5일근무에 따른 임금 · 연봉제 실무**
문강분(공인노무사) 지음 / 4×6배판 변형 / 544쪽 / 35,000원
변호사 없이 당당히 이길 수 있는 **형사소송**
김대환 지음 / 신국판 / 304쪽 / 13,000원
변호사 없이 당당히 이길 수 있는 **민사소송**
김대환 지음 / 신국판 / 412쪽 / 14,500원
혼자서 해결할 수 있는 **교통사고 Q&A**
조명원(변호사) 지음 / 신국판 / 336쪽 / 12,000원
알기 쉬운 **개인회생 · 파산 신청법**
최재구(법무사) 지음 / 신국판 / 352쪽 / 13,000원

생활법률

부동산 생활법률의 기본지식
대한법률연구회 지음 / 김원중(변호사) 감수 / 신국판 / 480쪽 / 12,000원
고소장 · 내용증명 생활법률의 기본지식
하태웅(변호사) 지음 / 신국판 / 440쪽 / 12,000원
노동 관련 생활법률의 기본지식
남동희(공인노무사) 지음 / 신국판 / 528쪽 / 14,000원
외국인 근로자 생활법률의 기본지식
남동희(공인노무사) 지음 / 신국판 / 400쪽 / 12,000원
계약작성 생활법률의 기본지식
이상도(변호사) 지음 / 신국판 / 560쪽 / 14,500원
지적재산 생활법률의 기본지식
이상도(변호사) · 조의제(변리사) 공저 / 신국판 / 496쪽 / 14,000원
부당노동행위와 부당해고 생활법률의 기본지식
박영수(공인노무사) 지음 / 신국판 / 432쪽 / 14,000원
주택 · 상가임대차 생활법률의 기본지식
김운용(변호사) 지음 / 신국판 / 480쪽 / 14,000원
하도급거래 생활법률의 기본지식
김진홍(변호사) 지음 / 신국판 / 440쪽 / 14,000원
이혼소송과 재산분할 생활법률의 기본지식
박동섭(변호사) 지음 / 신국판 / 460쪽 / 14,000원
부동산등기 생활법률의 기본지식
정상태(법무사) 지음 / 신국판 / 456쪽 / 14,000원
기업경영 생활법률의 기본지식
안동섭(단국대 교수) 지음 / 신국판 / 466쪽 / 14,000원
교통사고 생활법률의 기본지식
박정무(변호사) · 전병찬 공저 / 신국판 / 480쪽 / 14,000원
소송서식 생활법률의 기본지식
김대환 지음 / 신국판 / 480쪽 / 14,000원
호적 · 가사소송 생활법률의 기본지식
정주수(법무사) 지음 / 신국판 / 516쪽 / 14,000원
新**상속과 세금 생활법률**의 기본지식
박동섭(변호사) 지음 / 신국판 / 492쪽 / 14,500원
담보 · 보증 생활법률의 기본지식
류창호(법학박사) 지음 / 신국판 / 436쪽 / 14,000원
소비자보호 생활법률의 기본지식
김성천(법학박사) 지음 / 신국판 / 504쪽 / 15,000원
판결 · 공정증서 생활법률의 기본지식
정상태(법무사) 지음 / 신국판 / 312쪽 / 13,000원
산업재해보상보험 생활법률의 기본지식
정유석(공인노무사) 지음 / 신국판 / 384쪽 / 14,000원

처 세

성공적인 삶을 추구하는 여성들에게 **우먼파워**
조안 커너 · 모이라 레너 공저 / 지창영 옮김
신국판 / 352쪽 / 8,800원
聽 **이익이 되는 말** 話 **손해가 되는 말**
우메시마 미요 지음 / 정성호 옮김 / 신국판 / 304쪽 / 9,000원
부자들의 생활습관 가난한 사람들의 생활습관
다케우치 야스오 지음 / 홍영의 옮김 / 신국판 / 320쪽 / 9,800원
코끼리 귀를 당긴 원숭이-히딩크식 창의력을 배우자
강충인 지음 / 신국판 / 208쪽 / 8,500원
성공하려면 유머와 위트로 무장하라
민영욱 지음 / 신국판 / 292쪽 / 9,500원
등소평의 **오뚝이전략**
조창남 편저 / 신국판 / 304쪽 / 9,500원
노무현 화술과 화법을 통한 이미지 변화
이현정 지음 / 신국판 / 320쪽 / 10,000원
성공하는 사람들의 **토론의 법칙**
민영욱 지음 / 신국판 / 280쪽 / 9,500원
사람은 칭찬을 먹고산다
민영욱 지음 / 신국판 / 268쪽 / 9,500원
사과의 기술
김농주 지음 / 신국판 변형 양장본 / 200쪽 / 10,000원
취업 경쟁력을 높여라
김농주 지음 / 신국판 / 280쪽 / 12,000원
유비쿼터스시대의 블루오션 전략
최양진 지음 / 신국판 / 248쪽 / 10,000원
나만의 블루오션 전략-화술편
민영욱 지음 / 신국판 / 254쪽 / 10,000원
희망의 씨앗을 뿌리는 20대를 위하여
우광균 지음 / 신국판 / 172쪽 / 8,000원

끌리는 사람이 되기위한 이미지 컨설팅
홍순아 지음 / 대국전판 / 194쪽 / 10,000원

글로벌 리더의 소통을 위한 스피치
민영욱 지음 / 신국판 / 328쪽 / 10,000원

오바마처럼 꿈에 미쳐라
정영순 지음 / 신국판 / 208쪽 / 9,500원

여자 30대, 내 생애 최고의 인생을 만들어라
정영순 지음 / 신국판 / 256쪽 / 11,500원

명 상

명상으로 얻는 깨달음
달라이 라마 지음 / 지창영 옮김 / 국판 / 320쪽 / 9,000원

어 학

2진법 영어 이상도 지음 / 4×6배판 변형 / 328쪽 / 13,000원

한 방으로 끝내는 영어 고제윤 지음 / 신국판 / 316쪽 / 9,800원

한 방으로 끝내는 영단어 김승엽 지음 / 김수경·카렌다 감수 /
4×6배판 변형 / 236쪽 / 9,800원

해도해도 안 되던 영어회화 하루에 30분씩 90일이면 끝낸다
Carrot Korea 편집부 지음 / 4×6배판 변형 / 260쪽 / 11,000원

바로 활용할 수 있는 기초생활영어
김수경 지음 / 신국판 / 240쪽 / 10,000원

바로 활용할 수 있는 비즈니스영어
김수경 지음 / 신국판 / 252쪽 / 10,000원

생존영어55 홍일록 지음 / 신국판 / 224쪽 / 8,500원

필수 여행영어회화 한현숙 지음 / 4×6판 변형 / 328쪽 / 7,000원

필수 여행일어회화 윤영자 지음 / 4×6판 변형 / 264쪽 / 6,500원

필수 여행중국어회화 이은진 지음 / 4×6판 변형 / 256쪽 / 7,000원

영어로 배우는 중국어 김승엽 지음 / 신국판 / 216쪽 / 9,000원

필수 여행스페인어회화 유연창 지음 / 4×6판 변형 / 288쪽 / 7,000원

바로 활용할 수 있는 홈스테이 영어
김형주 지음 / 신국판 / 184쪽 / 9,000원

필수 여행러시아어회화 이은수 지음 / 4×6판 변형 / 248쪽 / 7,500원

레포츠

수열이의 브라질 축구 탐방 삼바 축구, 그들은 강하다
이수열 지음 / 신국판 / 280쪽 / 8,500원

마라톤, 그 아름다운 도전을 향하여
빌 로저스·프리실라 웰치·조 헨더슨 공저 /
오인환 감수 / 지창영 옮김 / 4×6배판 / 320쪽 / 15,000원

퍼팅 메커닉
이근택 지음 / 4×6배판 변형 / 192쪽 / 18,000원

아마골프 가이드
정영호 지음 / 4×6배판 변형 / 216쪽 / 12,000원

인라인스케이팅 100%즐기기
임미숙 지음 / 4×6배판 변형 / 172쪽 / 11,000원

배스낚시 테크닉
이종건 지음 / 4×6배판 / 440쪽 / 20,000원

나도 디지털 전문가 될 수 있다!!!
이승훈 지음 / 4×6배판 / 320쪽 / 19,200원

스키 100% 즐기기
김동환 지음 / 4×6배판 변형 / 184쪽 / 12,000원

태권도 총론
하웅의 지음 / 4×6배판 / 288쪽 / 15,000원

건강하고 아름다운 동양란 기르기
난마을 지음 / 4×6배판 변형 / 184쪽 / 12,000원

수영 100% 즐기기
김종만 지음 / 4×6배판 변형 / 248쪽 / 13,000원

애완견114
황양원 엮음 / 4×6배판 변형 / 228쪽 / 13,000원

건강을 위한 웰빙 걷기
이강옥 지음 / 대국전판 / 280쪽 / 10,000원

우리 땅 우리 문화가 살아 숨쉬는 옛터
이형권 지음 / 대국전판 올컬러 / 208쪽 / 9,500원

아름다운 산사
이형권 지음 / 대국전판 올컬러 / 208쪽 / 9,500원

골프 100타 깨기
김준모 지음 / 4×6배판 변형 / 136쪽 / 10,000원

쉽고 즐겁게! 신나게! 배우는 재즈댄스
최재선 지음 / 4×6배판 변형 / 200쪽 / 12,000원

맛과 멋이 있는 낭만의 카페
박성찬 지음 / 대국전판 올컬러 / 168쪽 / 9,900원

한국의 숨어 있는 아름다운 풍경
이종원 지음 / 대국전판 올컬러 / 208쪽 / 9,900원

사람이 있고 자연이 있는 아름다운 명산
박기성 지음 / 대국전판 올컬러 / 176쪽 / 12,000원

마음의 고향을 찾아가는 여행 포구
김인자 지음 / 대국전판 올컬러 / 224쪽 / 14,000원

골프 90타 깨기
김광섭 지음 / 4×6배판 변형 / 148쪽 / 11,000원

생명이 살아 숨쉬는 한국의 아름다운 강
민병준 지음 / 대국전판 올컬러 / 168쪽 / 12,000원

틈나는 대로 세계여행
김재관 지음 / 4×6배판 변형 올컬러 / 368쪽 / 20,000원

KLPGA 최여진 프로의 센스 골프
최여진 지음 / 4×6배판 변형 올컬러 / 192쪽 / 13,900원

해양스포츠 카이트보딩
김남용 편저 / 신국판 올컬러 / 152쪽 / 18,000원

KTPGA 김준모 프로의 파워 골프
김준모 지음 / 4×6배판 변형 올컬러 / 192쪽 / 13,900원

골프 80타 깨기
오태훈 지음 / 4×6배판 변형 / 132쪽 / 10,000원

신나는 골프 세상
유용열 지음 / 4×6배판 변형 올컬러 / 232쪽 / 16,000원

풍경 속을 걷는 즐거움 명상 산책
김인자 지음 / 대국전판 올컬러 / 224쪽 / 14,000원

이신 프로의 더 퍼펙트
이신 지음 / 국배판 / 336쪽 / 28,000원

주니어출신 박영진 프로의 주니어골프
박영진 지음 / 4×6배판 변형 올컬러 / 164쪽 / 11,000원

골프손자병법
유용열 지음 / 4×6배판 변형 올컬러 / 212쪽 / 16,000원

3,3,7 세계여행
김완수 지음 / 4×6배판 변형 올컬러 / 280쪽 / 12,900원

박영진 프로의 주말 골퍼 100타 깨기
박영진 지음 / 4×6배판 변형 올컬러 / 160쪽 / 12,000원

10타 줄여주는 클럽 피팅
현세용·서주석 공저 / 4×6배판 변형 / 184쪽 / 15,000원

여성실용

결혼준비, 이제 놀이가 된다 김창규·김수경·김정철 지음
4×6배판 변형 올컬러 / 230쪽 / 13,000원

여자 30대,
내 생애 최고의 인생을 만들어라

2008년 6월 20일 제1판 1쇄 발행

지은이/정영순
펴낸이/강선희
펴낸곳/가림출판사

등록/1992. 10. 6. 제4-191호
주소/서울시 광진구 구의동 57-71 부원빌딩 4층
대표전화/458-6451   팩스/458-6450
홈페이지/ www.galim.co.kr
전자우편/galim@galim.co.kr

값 11,500원

ⓒ 정영순, 2008

ISBN 978-89-7895-295-8 13320

가림출판사 · 가림M&B · 가림Let's의 홈페이지(http://www.galim.co.kr)에 들
어오시면 가림출판사 · 가림M&B · 가림Let's의 신간도서 및 출간 예정 도서를
포함한 모든 책들을 만나실 수 있습니다.
온라인 서점을 통하여 직접 도서 구입도 하실 수 있으며 가림 홈페이지 내에서
전국 대형 서점들의 사이트에 링크하시어 종합 신간 안내 및 각종 도서 정보,
책과 관련된 문화 정보를 받아보실 수 있습니다.
또한 홈페이지 방문시 회원으로 가입하시면 신간 안내 자료를 보내드립니다.